人生增值七堂课

安子 著

Ren Sheng
Zeng Zhi
7 Tang Ke

中国物资出版社

图书在版编目（CIP）数据

人生增值七堂课 / 安子著. —北京：中国物资出版社，2012.3
ISBN 978-7-5047-4119-6

Ⅰ.①人… Ⅱ.①安… Ⅲ.①成功心理—通俗读物 Ⅳ.①B848.4-49

中国版本图书馆 CIP 数据核字（2011）第 274813 号

策划编辑	陈 莎	**责任印制**	方朋远
责任编辑	陈 莎	**责任校对**	孙会香 杨小静

出版发行	中国物资出版社		
社　　址	北京市丰台区南四环西路 188 号 5 区 20 楼	**邮政编码**	100070
电　　话	010-52227568（发行部）		010-52227588 转 307（总编室）
	010-68589540（读者服务部）		010-52227588 转 305（质检部）
网　　址	http://www.clph.cn		
经　　销	新华书店		
印　　刷	北京京都六环印刷厂		
书　　号	ISBN 978-7-5047-4119-6/B·0406		
开　　本	710mm×1000mm 1/16		
印　　张	13.5	**版　　次**	2012 年 3 月第 1 版
字　　数	200 千字	**印　　次**	2012 年 3 月第 1 次印刷
印　　数	0001—3000 册	**定　　价**	28.00 元

前言

每个人出生的时候都是一样的，为什么在成长的过程中，逐渐形成了不同的身份地位，走入了不同的社会阶层？是天赋之别，还是背景不同？是命运作祟，还是努力不够？其实，上帝对每个人都是公平的，别说人生不如意，也别说怀才不遇，回头看看自己走过的路，是否真的一直在向上攀登？

人生就像一条上坡路，只是有的人没能不断地增值自己，没能走上这条上坡路而已。

所以，要想实现人生成功，幸福无边，只有一个秘诀：自我增值！

二十年前，就有人问我，你一直在忙什么？没错，我是一个忙人，我常说的话就是，安子很忙。忙什么？忙增值！

这种“忙”，不是普通意义上的忙，而是指从身心的各个方面去提升自己。

我们不是鲁滨孙，我们不可能脱离社会，所以作为社会人，我们必须不断实现增值。从个人形象、社交圈子、待人接物、自我修养、知识技能等各方面，不断提升自我，才能最终走向成功。

在本书的创作过程中，我翻阅了大量的书籍。我发现，很多书，都过于强调个人技能，过于强调待人处世。事实上，真正的增值，是发掘内心的力量，而不仅仅是言谈举止和知识能力方面的提升。所以，我创作了这本书，从七个方面，阐述了获取增值力的方式。

在这里，我要借这本书，表达我内心的感恩之情。

首先，我要感谢我的父母，在我的人生道路上，他们永远是我最强有力的支柱，他们永远是我最坚实的后盾，他们教会我做人，引领我走入社会、独立生活。

其次，我要感谢我的团队，安安文图工作室的同事们，没有他们的支持和帮助，就不会有这本书的诞生。

最后，我要感谢一直在帮助我、支持我的搭档樊绍烈先生，他以最大的耐心，给了我最大的支持。

当然，我一定要感谢您，亲爱的读者，感谢您能够拿起这本书，翻开，看下去，看到底，相信这本书会对您有益。

现在，请允许我和您一起，翻开这本《人生增值七堂课》，请相信，人生可以增值，成功绝非难事！

安　子

2011 年 8 月 28 日于北京

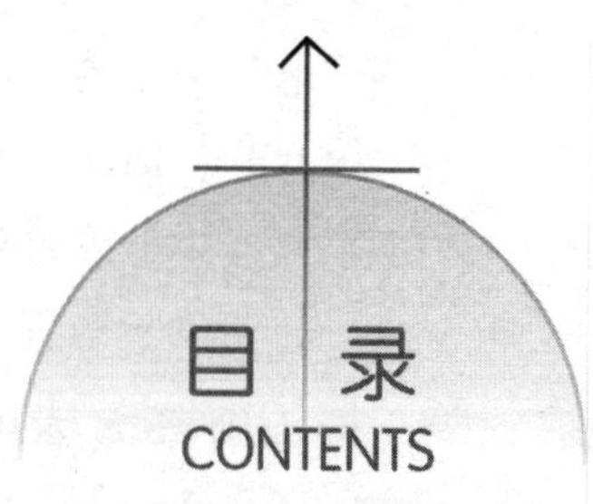
目录
CONTENTS

第一章

你的形象价值“千金”

第一节 好形象决定好前途

形象，是指一个人在公众场合给人留下的整体印象，是通过穿衣打扮、言谈举止所反映出的生活态度。一个人的形象，跟工作、前途息息相关，任何不专业的形象，都可能让这个人看起来不够称职。好的形象，传达出积极向上的精神状态，专业细致的工作态度；好的形象，表现了个人的学识、修养，展现出个人的上进心和自信心。

英国BBC电视台曾经播放过这样一个节目，有一个心理学家，为了证明一个人的外在形象对个人生活的巨大影响，选择了一组陌生人，进行了一次有趣的试验。

试验在一家咖啡馆里展开，心理学家在宽大的咖啡馆里仅仅放了三张桌子，每张桌子前仅安排一个人。这三个人形象和性格大相径庭：第一位，是一名心态乐观、干净利落、热爱生活的中年男子，他的胡子剃得干干净净，衣服整齐洁净，身上还散发着淡淡的男士香水的味道；第二位，外表英俊潇洒，但性格忧郁腼腆，总喜欢皱着眉头，没精打采，虽然年轻，却毫无活力；第三位，不喜言谈，只对专业知识感兴趣的秃顶老教授。

心理学家在这三个人面前，各放了一杯咖啡，并让他们各自拿着相同的当日的报纸，坐在桌子前低头看报。在后面的试验中，站在吧台后的心理学家看到了非常有趣的景象。在一上午的时间里，咖啡馆里先后走进了六名顾客，这六名顾客在购买了咖啡之后，对于究竟坐在哪张桌子前喝咖啡，做出了大体一致的选择。六名顾客中，只有一名顾客坐在了老教授旁边，其余五名顾客都坐在了那位积极热情、周身散发着淡淡的男士香水的味道的中年男子身旁，其中，还有两位顾客主动与他攀谈。

测试结束后，心理学家分别对六名顾客进行了调查，发现他们之所以选择坐在这位干净利落的中年男子身边，就是因为他让人“看起来很舒服”。心理学家紧接着对这三位测试对象进行了调查，他竟然发现，中年男子的确是一个非常幸运的人，他热爱生活、积极乐观、工作顺利，经常和朋友们一起购买体育彩票，偶尔还会中奖。而那个忧郁的小伙子，因缺乏自信，工作不算顺利，个人情感更是一塌糊涂。而那个只对专业知识感兴趣的老教授，平时就很少与人接触，缺少与人沟通的经验。

这个试验证明，一个人的精神面貌，能够通过外在形象表现出来，好的外在形象，能够“替”你说话，“替”你交友，“替”你争取到更多的成功。

在日常生活中，我们无法去窥探一个人的内心世界，在面对一个陌生人的时候，我们无从知晓对方的生活背景，我们只能够通过肉眼所能捕捉到的对方形象特征来判断对方是一个什么样的人。

人们常说“相由心生”，有关我们自身的种种信息，都会通过我们的穿衣、发型、举止、谈吐等方式流露出来，有些人认为，只要自己不说出跟自己有关的事情，别人就无从知道，其实，在你走出家门的那一刻，你已经通过你的外在形象，将你的生存状态、内心状态传达了出去。你的形象，直接影响着别人对你的判断甚至喜恶。正如心理学家在试验中所证明的，积极的外在形象会吸引积极的人，而消极的外在形象会排斥所有的人。当你发现你身边的人都不愿接近你时，你就该好好地检讨一下了，很可能，你的形象出了问题。

罗伯特·庞德说过：“大多数不成功的人之所以失败，是因为他们首先看起来就不像成功者。”虽然很多人都说，以貌取人是不对的。但是当你面对一个陌生的人时，在不了解对方的情况下，能够获知对方信息的第一途径就是外在形象。尽管以貌取人肤浅易错，又不够公平，但人们还是无法拒绝自己本能的反应，并继续“以貌取人”。尤其在竞争激烈的职场，如果你不能以良好的形象取得领导和客户的信任，那就不要怪别人不给你证明能力的时间和机会。所以，好形象决定好前途，外在形象的好坏，直接决定着一个人的内在才华是否有施展的机会。因此，一定要随时注意自己的形象，不要让你的形象影响别人对你的正确判断，从而影响你的前途。

英国著名的形象公司 CMB 曾对 300 名世界著名的金融公司的决策人进行调查，结果发现，在公司里，地位越高的人越注重形象，并且在他们挑选和提拔新人时，也会首先选择那些拥有出色的外表及良好的形象的人。而且，很多从事人力资源管理的决策人，都非常注重面试者的形象，他们认为：“应聘者的学历不是最重要的，重要的是他们的形象。因为员工的形象代表的是公司的形象和产品的形象，所以，比起那些外表邋遢的人，我们更倾向于选择那些干净整洁、乐观开朗、积极向上的人。”

如今，很多年轻人都喜欢标榜个性，喜欢根据自己的喜好打造自己的形象，却浑然不知，很多时候，正是因为不恰当的外表形象，导致自己与成功擦肩而过。

许霞是一家保险公司的主管，从业十几年来，工作一直不太顺利，手下的员工常常耽搁她分派下来的工作，还有的员工甚至动辄就顶撞她，这让她非常头疼。几个月前，许霞无意中经过一家形象设计公司，出于好奇，她走进了这家公司，经过形象设计师的指点，她才意识到，自己的装扮有多么地不适合自己。许霞四十岁出头，身高不到一米六，身材娇小，却偏爱可爱的蕾丝裙、漂亮的公主裙，她最喜欢的就是蕾丝的粉色长裙。粉色本身就是一种柔嫩的颜色，传达给人的信息就是柔弱简单，加上许霞身材娇小，看起来就像一个没长大的孩子。试问，有谁愿意听从一个看起来长不大的孩子的吩咐呢？

在日常生活中，你可以随意穿着，追求个性，可在职场中，一定要穿着适合自己的形象诉求的服装，即穿衣打扮要根据场合的需要。选择适合自己职业的服装，才能给人以专业的形象，以此衬托你的职场威望，打造你的职业价值，让自己立于不败之地。

良好的外在形象，能够辅助一个人在事业上的发展和成功。须知，外在形象的力量不可低估，拥有良好的外在形象，往往能比别人更快取得先机、赢得信任，能比别人更容易得到客户和上级的认同，从而不断攀升，为自己赢得施展才华的良好平台。

在这个飞速发展的商业时代，好形象如同将军的盔甲，能够让你叱咤职场，所向披靡。好形象无时无刻不在传达一个信息：“我是最好的，最有能力的，最棒的。”拥有好的形象，才能够拥有好前途。

第二节　如何确立良好的外在形象

我们谈了这么多好形象的作用，那么，究竟如何做，才能确立一个良好的外在形象呢？

一、改善自我形象

人人都想成功，都希望自己永远不会贬值，那么，就先从服饰、仪表方面开始进行自我改善，这是你树立新形象的良好开端，因为服饰和仪表是外在形象最直接、最简单的表达途径。服饰的品位，代表着你的审美观点和性格特征，甚至反映了你的生活状态和生活品位。如果你的服装式样老旧过时，人们就会认为你刻板守旧、生活质量不高；而如果你的服装样式过于超前，又会让人觉得轻率简单、不够稳重，所以，不合适的服饰，会严重影响你的个人形象。如果你是销售员，想要让顾客认可你的产品可靠耐用，那么，你的着装必须稳重大方，让人感觉你本人可靠踏实。

改善自我形象要注意以下两点：衣着整齐干净、大小合身；服装和配饰的颜色、风格协调一致，给人舒适可亲的感觉。职场中，你既不能穿得过于随便，也不能穿得过于隆重，恰到好处的形象，能够恰如其分地表现你的内在品质，比如，诚恳、负责、积极上进、热情、大方、坦然、胆识过人、机智、勇敢等，能够让人一眼就感受到你的卓越之处。

要改善自我形象，职场女性还应该适当化妆，它不仅能提升你的外在形象，也是尊重他人的表现。化妆要把握好“度”，一般职场女性，除了基础的护肤产品，只要拥有三样化妆品就可以了：眉笔、口红、睫毛夹。

二、确立形象目标

每个人都有自己独特的气质，所谓气质，就是外在形象的综合体现，那么，你究竟想要怎样的外在形象呢？想要知性美、感性美，还是高贵、大气的外在形象？在改善了自己的形象，确立一个明确的形象目标之后，才能够逐渐形成自己独有的气质。

气质的形成有先天的因素，也有个人后天的培养。家庭出身、知识积累、个人教养、言谈举止等都是构成气质的基本元素，你可以通过日常修炼来提升自己的气质。

告诉你一个简单的方法，每天早上站在镜子前，大声对自己说：“我是知性的，我是知性美女，我是知性佳人。”热情地对自己说上三遍，然后再从衣柜里找衣服穿，看哪一件衣服可以体现你想要展示的知性的气质。找到合适的，穿上，然后对镜子里的自己微笑，自信地出门，相信你的感觉肯定会与往日不同。

三、根据形象目标修正言谈举止

外在形象的表现，除了穿衣打扮，还包括得体大方的言谈举止，开朗热情的态度，让人感觉随和亲切，容易接近。

修正言谈举止需把握以下四点：

第一，要学会放松自己的心情，平时常常进行深呼吸，必有好处。

第二，要注意自己的声音，说话时，声音大小要适中，语气要坚定，语调要有节奏感，保持自己的声音特色，随时注意自己的肢体语言，才能给人自然坦荡的感觉。

第三，要注意语言的幽默与诙谐，有趣的言谈，不仅能够吸引对方的兴趣，还能为你的形象增值加分。

第四，始终保持微笑，这将会为你的外在形象增值不少，追求快乐是人的天性，别人会从你的微笑里看到轻松、愉快和自在。

四、塑造与职业、地位相匹配的个人形象

个人形象的塑造，一定要与个人的职业、地位、场合相匹配。

一个人的形象，十之八九能够体现出这个人的职业特征。假如你从事的是服务行业，你的穿着打扮应当以暖色为宜，能给人以亲切感；还应当笑容可掬、彬彬有礼，给人如沐春风的感觉。如果你一袭黑衣，冷若冰霜，只会把顾客吓跑。如果你的形象与职业相匹配，别人会认为你很专业。

场合不同，你也应当有不同的形象。比如，在商业酒会上，你要气质高雅而不冷傲，既要察言观色也要善于应对。而在商业谈判时，你既要精明干练也要从容不迫，不管你平日是如何与人为善，此时一定要在言谈、

气势等各方面压倒对方，体现出你的老练与精干。

地位不同，个人形象也会有不同的特点。因此，在职场上，穿着方面要配合你的上司，甘当绿叶；反过来，如果你是高层领导，就不能穿得过于随便，起码要体现出你的领导形象。

总之，如果你想要成功，就像成功者一样，去装扮自己吧。

第三节　像成功者一样装扮自己

在一个大型公司里，正在进行一场演讲，以此来角逐到底谁更有资格胜任经理这个职位。第一个经理候选人上场了，他年纪不大，面色苍白，身着一身员工制服，腼腆羞涩。他的演讲，也还算顺利，但是由于形象欠佳，评判的考官们纷纷表示：“他穿着随便，显然不够重视这次演讲，而且他自己都不相信自己能胜出，胆怯得很，我们为何要给他投票呢?”第二个经理候选人年纪稍大，但气色很好，活力十足，他穿了一身崭新的西装，面带微笑地走上了讲台，他的演讲引起了一阵阵掌声。最终，第二个候选人胜出，他成功的根本原因，在于在竞选演讲之前，他就将自己打扮成了一位经理；而在演讲时，他就以一位经理的形象出现在大家的面前。

在西方国家流传着一句名言：你想变成什么样子，就要把自己打扮成什么样子。如果你想成为一名绅士，首先就要把自己打扮得像个绅士；如果你想成为一名优雅的小姐，那就将自己打扮得高贵一些；如果你想成为一名成功人士，就要像成功者一样装扮自己。

现在的社会是一个看重复合能力的社会，打造良好形象的能力，也是一个成功人士的必备能力之一。在美国，曾经有人对形象的影响力做过一次调查，发现其中76%的人根据外表判断人，60%的人认为一个人的装扮能够反映出其本人的社会地位。在很多场合里，形象就是你打开交际圈的第一功臣。如果让一个商家去找人合作，面对两个陌生人，商家肯定会先选择衣冠整洁、穿戴得体的人。人们喜欢以貌取人，虽然有点不公平，可至今还没有人可以摆脱这个视觉习惯。如果你想早点成功，就早点学习成功人士的装扮标准。

宋嘉是某公司的高层管理者，对形象的重要性深有体会。几年前，宋嘉还只是一个基层员工，在进入公司后，奋斗了两年多，才被提升为部门主管，缓慢的晋升速度，让他颇有些焦灼。一次偶然的机遇，他认识了一名形象设计师，设计师听了他的倾诉后，建议他改造自己的形象，如果实在不知道如何改造，就找单位里的一位高层管理者做榜样。于是，宋嘉悄悄地选中了公司的一位管理人员作为自己的榜样，最初，宋嘉只是简单地模仿榜样得体的着装，每天早上出门前很仔细地照镜子，每天到单位后很仔细地观察榜样的形象，后来，他逐渐形成了自己的着装风格，每天都穿着大方、仪表堂堂、满怀信心地出门。接着，他又仔细揣摩榜样的言谈举止，发现对方讲话语气和缓，有节奏感，较普通员工要慢，谈话内容多是温暖人心的，宋嘉就对此予以模仿。很快他便引起了上司的关注，三个月后竟被破格提拔为采购部经理。初战告捷后，宋嘉没有止步，他又开始在高层领导中选择榜样。这次，不仅限于外表、言行方面，宋嘉还深入观察对方做事做人的方法，让自己的内在修养也逐步提升。

一个人的装扮是好是坏，旁观者各有评判，但很少有人直接告诉你。大家会把你的装扮当成你的喜好，并由此来做评价。

我们在评判一个人时，的确会将外在形象与个人能力挂钩。形象好，在别人眼里，能力相对也会高一些；形象糟糕，别人对他的信任度往往就低一些。初次见面时尤其是这样。举一个简单例子，在大街上，我们都曾碰到过问路的人，如果对方邋里邋遢、随随便便，很多人的态度就不由得会生硬几分，有时还会生出几分戒备心理；但如果对方穿着得体、举止优雅，人们的语气就会友好和善得多。

林峰是一家大药店的店员，经常会遇到顾客因为各种问题找上门来，经过了多次“叫领导”的事件后，林峰发现：其实，往往经理过来后解决方式基本相同，为什么顾客不像刁难自己一样刁难经理呢？

经过思考，林峰觉得人们之所以有这样的反应，往往是觉得经理更具权威。而这个权威的印象，不少成分是来自形象上。之后，林峰对自己的形象做了一番改变：他先把盖住眉毛的头发理成整齐的平头，换上一副金色边框眼镜，再配上自己的白色制服，面对镜子俨然就是一个专业医师的形象。在面对顾客时，林峰也像经理一样使用专业的用语，再加上深沉和缓的语调，这样一来，顾客看到林峰的专业形象，心里踏实了，问题解决起来也顺利多了。

不要认为花心思装扮自己是在浪费时间，世界上越成功的人越注重形象。众所周知，李嘉诚是一个十分节俭的人，但这并不影响他对形象的注重。他认为，产品需要包装。而当老板的就更应该包装。少年时，李嘉诚就要求自己具有绅士风度，即使当时收入不高，有着相当重的家庭负担，而且要攒钱办大事。虽然他的服装不是新的，也非名牌，但却相当整洁，搭配得当。他的儿子，有着“小超人”美名的李泽楷也受父亲的影响，深知形象的重要性，不管走到哪里，都会找专业人士为自己策划着装。关于这一点，我们还经常听说，许多明星在出席宴会前，宁可晚上不睡觉也要选好第二天的服装。

好形象是装扮出来的，不要等到别人指出你形象不佳，才着手改善。要想成功，就该向成功者看齐。先是穿衣打扮，再是举手投足的风度。勤加练习，先做到形似而后神似，最后完全变为发自内心的一种习惯、一种修养。如果能这样做，也许在不久的将来，一天清晨起来，你会发现自己已经是一个真正的成功者了。

第四节　透过镜子看自己

“当窗理云鬓，对镜贴花黄”，一提到照镜子，人们常会想起顾影自怜的少女。生活中我们经常看到这样的一幕：一个女孩对着明亮的轿车车窗或商店的橱窗玻璃，一会儿用手理理刘海儿，一会儿扮个鬼脸，如同置身无人之境。突然车子发动引擎，或是商店售货员投来疑惑的目光，女孩这才恍然大悟，讪讪跑开……

千百年来镜子这块小小的方圆一直与我们朝夕相伴，无论对于男性还是女性。有人曾做过这样的实验，在街道上放置一面镜子，用来观察过往男女的举动。实验发现，在镜子前停下来观察自己仪容的男人远多于女人。

多照镜子对人体是有好处的——在最近一期的《俄罗斯科学院报告》中，俄罗斯圣彼得堡医院附属学院通过实验得出了这样的结论。

科研人员认为，一切物质和活的有机体都能产生辐射（磁场），或发光，或散热，或发声，任何机体任何时候都处于外来辐射场的作用下。人在照镜子时，镜子反射而来的辐射对人体器官、细胞有直接影响。研究人员做了这样的实验：

在三个试管中分别加入等量的血液，将第一个试管用成直角的镜子盖住，第二个试管放于两个上下相对的镜子中间，第三个试管则只用一面镜子从上面盖住。随后将三个试管置于黑暗的房间，一小时后由三个试管中各提取一定量的血液，在紫外线和可见光区分别测量三个血样的光学密度，将获得的数据同实验前的测量数据进行对照。

结果发现，镜子反射而来的辐射影响了血液的光学密度，这种影响同血液本身、镜子涂层的金属成分、镜子形状、镜子与血液间的空气成分都有关系。在本身辐射的作用下，机体之内的水分子发生共振，血液的防氧化性以及血液中酶的活性由此得到提高，机体的生物功能活性也从整体上有了提升。

根据该科研成果，医院科研人员研发出多种治疗与保健方法，比如，让患者进入放有镜子的特殊治疗室，使机体形成“辐射封闭”。研究人员还希望对这一现象进行更深研究，为人们提供更为科学的照镜子方法。

也许科学试验离生活太远，一般人并无切身感触，因此姑且不论我们对这个结论是否认可，但照镜子在生活中必不可少确是一个事实。

镜子最大的好处在于它的精确与客观。只要镜面平滑、光线充足，任你三头六臂、七十二变，它都会如实地反馈给你。

再没有比镜子更好的肌肤诊断器了。镜子可以每天帮我们整理仪容，镜子会告诉我们形象上的不足之处，让我们对照着去修正。

雨润食品集团就要求每个销售人员在自己的公文包中放一面小巧轻便的镜子，在去见客户之前拿出来修整一下自己的仪容：看看头发是否被风吹乱，衣服上是否有褶皱和灰尘，眼角是否干净，牙齿是否光洁，鼻孔是否有跑出来观光的要命的鼻毛，等等。如果每次见客户之前，形象不过关，业务员就被罚回家整理衣装一天。身为食品行业，雨润集团知道业务员的整洁形象意味着什么。雨润集团总裁助理李爱彬曾这样说：“社会节奏越来越快，人和人之间的距离越来越远，很少会有人愿意花时间来慢慢发掘你的内涵，尤其是客户，他是来买产品的，没有过多时间了解销售人员，所以最常见的是‘以貌取人’，这在食品行业尤为突出。而我们能做到的就是面子和里子的同时过硬。”

要知道任何一个小的细节都会毁掉自己长久以来建立起的“可人”形象。形象不佳的结果也许不至于让一单生意彻底泡汤，但长期如此，就可能让人对你的感觉大打折扣，进而影响沟通的效果。说白了，要使你的外表在别人眼中顺眼这是第一位的。而一面小小的镜子能帮你快速搞定这一问题，何乐而不为呢?

爱照镜子反映我们对个人仪表的关注。每个人都希望自己仪表堂堂、风度翩翩。仪表和风度往往代表了一定的身份，经常看看镜子中的自我形象，更能增强人们对自我身份的认同。

伦敦大学社会学系学者布立尔斯认为，在英国这个保有王室的国家，人们对身份的认同更为看重，尤其是男性。而女性则因为社会角色的转变而对容貌更加重视。20 世纪中期，女性逐渐成为上班族，女性对自我的社会身份更加看重，希望自己的装扮更接近此角色，以至于她们会不断在镜子前调整外在形象，并以此获得自我身份的肯定。这一点，只要在英国的大城市生活上一段时间，就不难发现。乘坐地铁时，特别是上班高峰时段，到处都能看到女性手持小镜子，小心翼翼地修补妆容。更有意思的是，她们还会边照着镜子边为自己打气："今天看起来真是不错。""你一定行。"

透过镜子，我们还可以把目光投射到自己内心深处，这能让一个人重拾自信，重塑灵魂。

潘石屹在《潘石屹的博客》一书中，曾讲过这样一段往事：

"五年前，我陷入了一场争斗，越陷越深。每天从早到晚都处在战斗的状态。双方都为一点小小伎俩得逞而欢欣鼓舞，把人性最恶劣的东西，全都调动起来了。我方从被动地位渐渐转向了主动、有利地位，很快就要大获全胜了。有一天，我穿鞋上班，忽然在穿衣镜里看到了我'小人得志'的样子，内心按捺不住的兴奋，从脸上全表现出来了。我忙用双手托住我的脸腮，让这张兴奋得紧张起来的脸松弛下来，让我的心平静下来。一连许多天，我都是偷偷照完镜子后，带着一张平静的脸和一颗平静的心再去工作。多少年过去了，但我一直不能忘记这件小事，非常感谢那面镜子。”

你看，镜子就是有这样的神奇功能。让人正视自己的内心深处，戒骄戒躁，平心静气。当然，要做到这一点，还需要照镜子人有足够的自省力。

如果照镜子过于频繁也要加以控制。无论人前人后，反反复复地不停照镜子，多少会给人几分随便之嫌。控制好度，那片小小的方圆一定会成为我们的知己与诤友！

第五节　穿好气色这件自然盛装

在所有的成功要素里，健康永远是第一位的。一个人的健康如何一般第一眼就能看出来。健康状况最直接地反映在气色上，好气色就如同绘画上了好油彩、好颜料，让人熠熠生辉。如果一个人气色不好，面容就显得憔悴，无精打采，非常影响形象。气色不好往往是因为生活没有规律，比如，熬夜、饮食不规律、缺乏运动等。好身体是革命的本钱，这句话永远正确。而气色就如同一张标榜健康的金字招牌，会在许多关键时刻影响我们的人生。

丽娜最近喜欢上通宵娱乐，几乎每晚都到凌晨一两点。她是一家外企的软件业务代表，虽然工作勤奋，每个月的业绩却在下降。一次，在跟客户谈业务时，丽娜不小心打了个哈欠，又疲乏地眨了眨眼睛，眼神黯淡了一下，客户很快礼貌地告诉她：“丽娜小姐，很抱歉，我们的合同可否改天再签？”丽娜一下意识到自己精神状态不佳，气色肯定也很差，影响了形象。眼看到手的签单就要泡汤，可是能怪谁呢？对方虽然言辞、态度还比较礼貌，但是眼神却分明告诉自己：我们公司怎么能与精神涣散、还没睡醒的人合作呢？与这样的人合作能够顺利吗？能够提供良好的售后服务吗？丽娜沮丧地回到家后，看到镜子里的自己：睡眼惺忪、面容憔悴、疲惫不堪。"啊，这副尊容怎么行呢？谁会与这样一副面容的人签单呢？"痛定思痛，丽娜决心改掉泡夜店的习惯，恢复早睡早起的规律生活。半年以后，丽娜身体渐渐恢复了元气，面色红润，形象自然姣美，尤其是一双眼睛特别明亮有神。令丽娜更为开心的是，工作效率高了，业绩渐入佳境，几乎每次开会都被主管点名表扬。一年后，丽娜升为部门经理。

现在，很多年轻人喜欢在下班后好好 happy 一下，熬夜几乎成了家常便饭。但生活经验告诉我们，缺乏睡眠，会使人眼部血管膨胀，眼周肌肉浮肿，眼睛布满血丝，甚至视力模糊；长期如此，就会皮肤干燥、面色晦暗，甚至生出暗疮；还会导致身体血液循环不畅和内分泌失调。试想一下，带着这样一副身体上班，怎么会有精神？如此昏昏沉沉的状态，工作怎么能有效率？好气色和好形象与你无缘，别说是成功，就是将分内之事做好都难。

海伦就曾跌过跤。她是一个夜生活丰富的人，每天睡眠时间很少。她气色很差，黑眼圈越来越严重，每天再浓的妆也遮不住两只熊猫眼，脸上还长了不少痘痘。更重要的是她的精神状况越来越差，工作效率低，甚至多次在上班时因不小心睡着了受到主管的警告。每次海伦都表示会注意，但一下班，还是抵不住夜生活的诱惑。久而久之，海伦的生活变得一团糟，白天上班，晚上不睡，身体终于扛不住在上班时昏了过去。海伦在医院躺了一周，终于意识到睡眠的重要性，下决心要彻底改变自己。可没想到，她回到公司就接到了辞退信，原因是健康不佳影响了工作进度和公司整体形象。

英国诗人拜伦说过：“早睡早起最能使美丽的脸鲜艳，并能降低胭脂的价钱——至少几个冬天。”睡眠可以消除疲劳，调节内分泌，使你呈现出一种最佳的精神状态。人每天正常的睡眠时间是7~8小时，如果必须熬夜，例如，加班，至少要避开22点至凌晨2点，因为这个时间段是身体内部进行调整、新陈代谢的最好时段，这时肝胆要排毒——这可是一个人气色好坏的关键（因此这段时间的睡眠被称为“美容觉”），熬夜的人气色差也正是源于此。可见，每天睡好觉，好气色、好形象才有依靠。如果睡眠质量不好，可选择在睡前洗个热水澡，听些舒缓的音乐，尽量放松自己，这样可以有助于快速睡眠。

当然，好气色绝不仅仅是指干净亮丽的皮肤，还要透出健康与活力。想拥有好气色，还要注重调养，可选择一些益气补血的食物，例如，红豆、红枣、山药、枸杞，另外还有动物肝脏、瘦肉、蛋类等。

对于上班族来说，早饭尤其不可少，要吃得清淡又有营养，比如，鸡蛋、小米粥、牛奶都是不错的选择，一顿热腾腾的早餐花不了你多长时间，却能带来一整天的好气色、好心情。

要想拥有阳光形象，运动也是绝不能少的。运动能够改善身体机能，使人面色红润，精力充沛，经常运动的人往往活力四射，呈现出一种健康和力量之美。

现在的上班族，大多缺乏运动，而且每天往往需要伏案工作，健康状况每况愈下，许多人患上了“现代病”，例如，抑郁症、鼠标手等。还有一些人忙于应酬，没时间运动，身体不断发福，高血压、高血脂也伴随着体重一起上升。如果能坚持运动，这些状况会逐步得以改善。你可以去健身房，如果没时间，选择踢毽子、跳绳、慢跑等简单运动，同样可以达到健身效果。

有人说，好气色是最美最自然的盛装，如果我们能持之以恒地约束自己，管理好生活，这套盛装将永远穿在我们身上。

第六节 你有最适合自己的一套衣服吗

马克·吐温表示："服装可以建造一个人，不修边幅的人在社会上是没有影响力的。"一个人的服装会无声地传递他的信息，体现他的经历、文化修养、社会地位等。着装艺术成了人们生活的一个重要组成部分。

保罗·爱尔顿是英国花旗银行一名出色的交易员，年轻时，凭借股市交易才华挣到了万贯家业。之后，保罗就开始了游手好闲、悠然自得的职业旅游家的生活。他穿着随意，不拘小节。每次听别人说到形象会影响事业和人际关系时，就会嗤之以鼻，他说："你这一套形象设计的言论如同我父亲所说，没有新意打动不了我的。它只是让人更加虚荣罢了，缺乏自信的人才会这样想。我相信人们还没有愚昧到以服装衡量人的地步。我虽然有花不完的钱，但我绝对不会花上千英镑去购买一件西服。对我而言，一百英镑的西服与一千英镑的没什么不同。如果人们以我的劣质西服来判定我的人格，那是他们的愚蠢，我们也就没什么潜在的关系可继续发展。"那时，保罗有着足够的自信，相信凭自己的能力没有什么能影响事业。

但后来当保罗重新回到生意场上时，有一件事却让他彻底改变了这个想法。在一次与美林、高胜、花旗银行的谈判中，虽然保罗有着高超的能力，却没有得到这几家银行的认可。相反，他有了一种莫名其妙的被低估的感受。在对方的眼神里，保罗看到了他们的不信任，他们好像在说："我们怎能把上千万英镑，交给这个穿着陈旧服装的人呢?"几场会晤下来，保罗越来越没有信心，以至于最后他甚至开始怀疑自己的能力了！

信心受挫后的保罗重新认识到穿着的重要性，于是他找到自己的好友、著名的形象设计师英格丽，希望他能为自己挑选合适的服装。在一整天的服装咨询中，保罗至少80%的衣服被扔进了垃圾堆，英格丽仍然认为自己已经“心慈手软”了。一切以“精而少”为原则，重新出现在眼前的衣柜，展示了保罗一个银行家的面貌。穿起重新搭配的服装，保罗又找回了属于自己的自信，他扬扬得意地说：“现在我看到，自己是最棒的基金经理了！”

由此可以看出，拙劣的装束有时会增加意想不到的阻力，得体合宜的着装能增强一个人的自信，能使你在社交场合受到礼遇。服装就是有这样的神奇魔力。

如何着装让自己看起来有品位，这应该是一门艺术。根据自己的能力、身份地位和所处的场合来着装是基本原则。

例如，重要的商务谈判、会议、工作会面等，着装应该给人庄重、严谨的印象。一般选择正规、成套的职业装，以黑色、深灰、藏蓝、白色为宜。女性可穿上下分开的套装、长袖衬衣、长裤或套裙，可佩戴银色或珍珠的耳钉、胸针；男士宜穿成套西装，领带选择颜色简单、图案规则的，唯一能够佩戴的饰品为手表，皮鞋一般选择黑色。

出席正式宴会时，女士应穿中国的传统旗袍或西方的长裙晚礼服；男士要注意领带与西服颜色的协调，黑皮鞋比较妥当，和任何西服都能搭配，但一定不能穿白色或浅色袜子。如果是朋友聚会、郊游等场合，着装就应轻便舒适。

从地点上来看，在自己家里接待客人，可以穿着舒适但整洁的休闲服；外出时要顾及当地的传统和风俗习惯，如去教堂或寺庙等场所，不能穿过露或过短的服装。

服装的选择还要适合季节气候特点，保持与潮流大势同步。不过，流行的款式并不一定适合每个人。比如，近两年流行吊带式夏装，其特点是体现女性曼妙的身材和肌肤，适合于肤色白皙、形体较好的女性，如果体形较胖，或肤色发暗粗糙，就不宜穿着。

紫色显得高贵、神秘，曾是流行色，皮肤白亮的人穿起来确有一种风韵，而肤色偏黄偏暗的人穿着则显得黯然失色。

怎样在赶流行的同时，不失大雅呢？这就需要我们了解自己的体形适合何种类型的衣服，根据体形来选择款式和色彩。

一般来说，人的身材大体分为五种：

- 标准型：具有优美的曲线，胸围、臀围等大，腰部细，腿长，是所谓的性感体形。
- 运动型：基本上仍属苗条型身材，不过上半身较长，腿较短，整体来看较标准型略平坦。
- 西洋梨型：上窄下宽形，自肩到腰部较小，腰下到臀、腿则较为粗壮。
- 正方型：整体上看方方正正，腰的宽度与胸臀差距不大，大多属于超重身材。
- 苹果型：这种身材上宽下窄，腰部和臀部较小，上身较大，且腿较一般比例来说要长。

不同体形的人穿衣有不同的学问：

如果你拥有标准型身材，那是让人羡慕的，你的唯一课题就是多研究流行趋势，多种款式的服装可供你选择。而且选择色彩的自由度也较大，亮而暖的色彩显得俏丽多姿，冷色或暗调系也可搭配得冷峻，选用流行色则显得更富于时代色彩。

运动型体形的人基本上仍属于瘦长型身材，只是因腿部看起来较短，要注意掩饰不足。适当宽松的长裤，如中直筒是最佳的选择。最好别选择窄紧或高腰的裤子，因为这会更突出腿部的实际长度。明亮色系的格子裤，可适度拉长比例又不会太扩张，可同时解决裤短的烦恼。或者选择统一色调的套装，也可以增加高度感。

如果你是西洋梨型体形，就要同时修饰上下半身。因重量感集中在臀部，因此绝对不要选择紧身的衣服。可以强调上衣的色彩与图纹，深色打皱裤配上带一点挺度的上衣可显出你的良好气质。要记住一个原则——让上半身成为视觉及比例上的焦点。

正方型身材的最大问题在于腰部不明显，所以最好不要强调腰线。上衣最好能盖住腰臀，不要扎进去。要懂得用柔和的潇洒线条带出飘逸感，以减少庞大的重量感。

对于苹果型体形的人来说，较宽的裤管或低腰裤子都是不错的选择，因上身较大，故不宜太强调肩线，且最好别选扩张的色彩，以自然垂坠的布料为宜。上身宜穿深色系衣服，如黑色、墨绿色、深咖啡色等，下装选择明亮的浅色，如白、浅灰等最佳。

做任何事情都是有规则可言的，如果能谙透穿衣规则，你的人生也许会因此增添更多的精彩。

第七节　男人适合西装，女人搭配裙子

不管男女，选对服装都是最重要的。在这个世界上，再也没有比西装更适合男人的了。而对于女人来说，时装潮流无论如何变化无穷，裙子总是她们的最爱！西装和裙子，就像魔法师一样，不断点化着男人和女人的形象世界。

一、男人的西装

西装不是男人的专属品，却常常是男人的必备品。它外观挺括、线条流畅、穿着舒适，拥有深厚的文化内涵，常常被人们打上“有文化、有教

养、有绅士风度、有权威感”等标签。得体的西装能显示一个男人的挺拔气质和厚重的修养。如今它已成为男性服装王国的宠儿，并成了正装的标志。伴随着潮流的不断变化，市场上西装的款式、面料不断翻新，不管是哪种体形的男人，只要精心挑选，就一定能够选出最适合自己的一套。

面料、样式、色彩的不同，会让西装的价格差出几十倍，甚至几百倍，穿在身上的效果也迥然不同。美国作家福斯特曾说：“西服的颜色、款式都影响着一个人，不管是过大、过小、过短还是过长，都会让穿衣者看起来像是西服以外的异来之物。”如此看来，西装的味道全体现在“得体”二字上。

1. 颜色对于西装来说是尤为重要的

别人穿起来好的颜色并不一定适合自己，要根据自己的特点来选择。形象设计师按照发色、肤色以及眼睛的颜色把中国男士分为四种类型。第一种是深色型：黑头发、黑眼睛、黄色或棕黑色皮肤，是最标准的类型。这种人适合穿深色的西装，强烈的色彩搭配使人看起来健康而富有生机。第二种是淡色型：皮肤白皙，头发和眼睛的颜色偏淡，类似西方人。这种人适合浅色的或者单一色的西装，穿起来给人以优雅、飘逸之感。第三种是明净型：这类是典型的中国版王子型，黑头发，黑眼睛，皮肤白皙，清爽干净。这种人适合选择色彩鲜艳的西服，切忌颜色过深过暗，否则只会看起来死气沉沉、缺少生机。第四种是暗色型：这类人头发、眼睛、肤色都很中庸，最好选择中暗色的西装，中性的炭灰、浅藏蓝、灰褐色都可提升个人品位，使整个人显得优雅不凡。

2. 根据自己的体形选择西装

也许你不具有标准的黄金身材，但一件适合你体形的西装，可以扬长避短，将你衬托得更挺拔修长。

从高矮胖瘦角度，男人可分为四类：一是身材矮胖型，这类人切忌选择过长的西装，否则会自暴其短，显得更加矮胖，缺乏精神，而且颜色千万别过于鲜艳，那样只会更加夸大身材的宽度；二是矮瘦型，此类身材不宜穿得太肥大，可选择收腰西装，且最好选择亮色，这样对其体形可起到伸张、膨胀的效果；三是瘦高型，这类身材看起来较单薄，宜选择对排扣西装，这样才不会穿起来旷荡，缺乏气派；四是高胖型，这类人不适宜穿淡色西装，款式上也最好选择宽松显瘦的。

二、女人的裙子

裙子是女人提升魅力的法宝，就如同西装之于男人，再也没有什么能比裙子更能展现女人的柔美了。不同的裙子能给人以不同的韵味，无论你想要穿出什么样的感觉，裙子都可以帮助你梦想成真。裙子可以遮蔽体形上的缺点，例如：腿部有瑕疵，可选择长裙大摆遮蔽不足之处；粗腰肥臀也可以通过裙子掩饰赘肉。女人可以没有珠宝，没有金银，却不能没有裙子，裙子能够帮女人实现不施粉黛的天然之美，举手投足尽显女人风情。

裙子的款式按照腰围可分为低腰裙、无腰裙、带腰裙、宽腰裙、高腰裙、连衣裙；按形状可分为紧身裙、圆首裙、钟形裙、包裙、半紧身裙、暗裥裙、三角襟裙、软襟裙、裤裙、抽褶裙、箱形褶裙、百褶裙、罗伞褶裙、圆形喇叭裙、鱼尾裙、塔裙、散裥裙、漩裙等。选择裙子同样要根据体形。身材娇小、下身偏短的女性，适合穿短裙，或者无腰的裙子，可以在腰际扎根腰带，以此拉长下身的长度，给人以长腿的错觉；高个子女性往往给人以身高上的压迫感，色彩和面料柔和的裙子可起到中和作用，推荐穿有重量感的长裙，这样可以增加下身的重量感，衬托出女性成熟的魅力；偏胖的身材给人以臃肿感，合身的裙子则能达到修身的效果。上身偏胖的女性可选择收腰的短款连衣裙，搭配黑色的腰带，能起到纤腰的作用，而下身偏胖的女士则可选择长度超过小腿的长裙，既能显瘦，也衬托出女性的柔美感；腿部纤长的瘦女孩最好挑选裙子，几乎各类裙子都可穿出完美效果。

裙子能打造出女人的完美形象，几乎适用于任何场合。办公室白领，选择黑色或蓝色筒状短裙最能体现女性的干练。参加晚宴少不了礼服裙，曳地的长裙绝对让你成为焦点；朋友聚会，只要挑选最适合你的一款裙子，加上一些抢眼的装饰，绝对不会逊色于任何人；出门旅行，有运动裙，不仅是你旅行的好装扮，还是你打球、跑步的绝妙搭配。

关于裙子，曾有一个经典的对白。一个丈夫询问妻子："你为什么一定要穿裙子呢?"妻子反问："我不穿裙子，难道你要让我光着身子上街吗?"可见，在女人的思维里，裙子才算得上衣服。

好衣装之于人，如同清泉之于山谷，是其气韵精华的流露。每个人都爱漂亮，不管女人还是男人。曾几何时，在出门前，我们总是为穿什么衣服而烦恼，现在不用犹豫了，西装和裙子为你提供了广阔可选的背景，赶紧打开你的衣柜吧！

第八节　别让鞋子杀风景

一、鞋子关乎形象

不只是衣衫能代表人的地位、能力，鞋子也是身份的象征。鞋子不合适，即使衣装再光鲜，也弥补不了形象上的纰漏。我们经常看到有些人穿着很考究，可当你低下头去看他们的鞋子时，会发现大杀风景。一双不得体的鞋子，有时候会成为你的致命伤。

华尔街银行家吉姆·盖茨曾有过这样的经历。他想为自己买一份保险，就约见了一家知名保险公司的销售员。该销售员之前和吉姆通过几次电话。据他说，自己是这家公司业绩前十位的员工。

销售员前来拜访，西装革履、满脸微笑，“称得上是一流保险公司的业务员”！吉姆心里暗暗赞许。可是当两个人面对面坐下来时，业务员的一双鞋子却“恰到好处”地进入了吉姆的视线：陈旧、满是褶皱不用说，还脏兮兮地布满了尘土，最扎眼的是一只鞋子开胶了，张着口正对着吉姆。这让吉姆心里刚刚升起的好感顿时消失殆尽。最要命的是，这位销售员还在唾液横飞地吹嘘自己这个月签出了多少份保单。“那您一个月的收入肯定很高了，可是，你为什么不舍得为自己买一双鞋子呢？”吉姆直言不讳地说出了自己的反感，当然，销售员的拜访也以失败告终。

穿鞋是人生活中的细节，而细节却能左右成败。一个大型公司的招聘经理表示：“面试新人时，我更注重面试者的细节部分。如今，很多有工作经验的人都拥有无可挑剔的谈话技巧，并且懂得穿衣的影响。而在这种情况下，想要判断一个人是否优秀，就只有通过观察一些小细节，比如鞋、袜子、指甲、手等，这些小细节往往更能说明一个人的能力。”如果说，好形象是诸多细节的叠加，那鞋子就是最鲜明的细节之一。

纽约华尔街流行一句俗语：“永远不要相信一个穿着破鞋子和不擦皮鞋的人。”中国也有句俗语：“脚上没鞋穷半截。”其实早在古罗马，鞋便是一个人人格的象征，闪亮、优质的鞋，意味着杰出、优秀、可信的品格。可见，从古到今，在世界各地，鞋子与人的身份及可信度都是相关的。

二、鞋装搭配有讲究

鞋子关乎形象，还在于鞋装是否搭配。得体的搭配能让你的优雅风度无懈可击，错误的选择会大杀风景。

衣鞋搭配最主要的是考虑在色彩、款式、质地方面鞋了与服装是否相配。

一般来说，鞋子与服装的颜色相同或相近比较好，穿起来显得雅致协调。如果上下衣服颜色不同，那你就先找出在全身占比例最大、分量最重的那个颜色，然后再找一双颜色相同的鞋和衣服相配即可。如果实在挑不出与服装搭配得当的颜色，最好选择黑色的鞋子，因为它与各种颜色的服装相配都较适合。

男人经常会选择西装。与西装搭配的鞋子最好款式简单，质地精良。给西装配鞋，最不会出错的方法就是选颜色略深于套装的鞋。

对于女性来说，板鞋配直统牛仔裤再加一件合身小外套，会比较可爱；高跟鞋配微喇牛仔裤能显得腿部纤长；网球鞋配运动装，很显活力；靴子配靴裤再加长风衣，能显淑女气质。

总之一句话，穿好鞋子能让人从头美到脚。

三、日常穿鞋的注意事项

除了衣鞋整体搭配，日常穿鞋中我们一般还要注意哪些呢？

1. 舒适度第一

长时间工作，需要舒服的好鞋相伴。当脚部不再受到压迫束缚时，绝对的自信就会油然而生。

选购鞋子最好在下午，因为双脚下午会略微膨胀，这时选购的鞋子穿起来会最为舒适。试穿时，要相信“第一脚”的感觉，一定要感觉舒适、无压迫。

另外，建议脚形比较特别的人，遇到舒适满意的好鞋，不妨多买几双同一款式、不同色彩的鞋。

2. 中性色首选

建议多选几双中性色的鞋子，如黑色、米色、咖啡色、土黄色、灰色等，它们可同大多数颜色的服装搭配，这点对于男女性都较为适用。

3. 真皮材质永远是上选

皮面、皮里加皮底的“真皮”鞋无疑是职业妇女的上上之选。真皮皮鞋吸汗、透气，曲张度好，能给脚部足够的呼吸空间，穿起来舒适自在，看起来也非常有质感，款型绝对优于布面、假皮等材质。

4. 保持最佳款型

在外忙碌了一天，鞋身难免沾染污垢。回家之后要立即清理，擦拭鞋油，并塞入鞋模或报纸来保持鞋型。

特殊材质的皮鞋更需要加倍呵护，如麂皮皮鞋不能用湿布擦拭，而应用毛刷来清理。

5. 精心呵护

鞋子同人一样需要休息，不要每天都穿同一双鞋，建议至少准备 2 ~ 3 双鞋轮流替换。

如果鞋面、鞋跟已磨损，马上设法修补或换新。千万不要认为穿上长裤或长裙，就可遮掩住缺陷。其实，看不见的只有你自己，旁人都“历历在目”。

第九节　永远保持迷人的风度

孔子说：“文质彬彬，然后君子。”国学大师钱穆在《论语新解》中说：“所谓质，朴也；文，华饰也。”“质”，即是一个人与生俱来的质朴无华的天性。“文”，是指人的外表的文饰及后天“诗书礼乐”的教养，是对人与生俱来的天性的文饰。儒家理想人格为“文质彬彬”之君子，中国人常说“君子风度”，在国人心目中，既注重外表又注重修养的君子，是最有风度的。其实，西方人对于“风度”的理解也大同小异。绅士风度，是西方国家公众特别是英国男性公众所崇尚的基本礼仪规范。不仅仪容举止要风姿优雅，更要体现彬彬有礼、富有教养的内在。如此看来，无论是东方还是西方，公众所提倡的风度，除了适当的仪表修饰外，更多地指向完美的内在。正如德国戏剧家莱辛所说："风度是内在美的特殊再现形式。"一个人可以没有惊艳的美貌，但是一定要有风度。

好风度是一种涵养，主要表现在人与人之间的相处上。风度是外在的，更是内在的。表面上神采飞扬是风度，但内心的宽容忍让、仁爱诚恳更能成就一种经久不衰、倾倒众生的风度。

著名钢琴家帕岱莱夫斯基是世界公认的风度翩翩的音乐大师。关于他有一个广为流传的故事。那天，是他在美国大型音乐厅表演的日子。开场前几分钟，观众都在安静地等待聆听天籁之音，可是，在观众席后排有一位母亲和一个九岁的孩子；小孩从进来到现在，已经开始不耐烦了。忽然，前面舞台上射下来一束灯光，那架演奏用的大钢琴及其旁边的乌木座凳在光影下顿时亮起来。这对于那个小孩子似乎有种奇特的吸引力，趁母亲不注意他悄悄溜到舞台上，把小手指放在琴键上，开始弹奏老师教过的乐曲《筷子》。他越弹越带劲，竟然没有下去的意思。已经到了演出开始的时间，数百名愤怒的观众开始一齐叫嚷："把孩子弄走!""谁把他带进来的?""他母亲在哪里?"尴尬的母亲急忙从后面跑上来。这时，帕岱莱夫斯基已经从后台走出，听到喧闹声，立即意识到发生了什么事。他面带笑容、平静从容地走到男孩身后，默默听了一会儿，然后伸出双手，弹出配合《筷子》的和谐音符，并且在男孩耳边轻轻地说："继续弹，不要停止。继续弹，不要停止。"观众被大师的风采所震撼，早已安静下来，静静欣赏着这一和谐的二重奏，一曲弹完，台下掌声雷动，孩子的母亲更是热泪盈眶。

钢琴大师的风度令人叹服，他用自己的宽容仁爱为孩子上了最好的一堂启蒙课，也为自己赢得了更多的掌声。

风度是智慧的体现。真正有风度的人不会轻易动怒，他们谦逊有礼、温文尔雅，永远都能摆对自己的位置，知道什么时候应该适当低头。

维多利亚女王是英国历史上在位时间最长的君主，创造了英国最强盛的所谓“日不落帝国”时期，被喻为历史上最有风度的女性之一。

在一次宴会中，维多利亚女王对她的丈夫阿尔伯特亲王说话时，流露出一种居高临下的语气，无形中伤了亲王作为一个男人的尊严。亲王感觉很委屈，独自一人进了房间，并反锁了门。维多利亚女王见丈夫迟迟未出来，便去敲门。“谁?”亲王问道。“是我！英国女王。”亲王没有开门。维多利亚女王感觉很意外，反思许久，再次敲响了丈夫的门，这次她轻声细语道：“亲爱的，是我，你的妻子。”这次，亲王打开了门。你看这就是女王的风度，能够反观自己，能够适时屈伸。

好风度是内在修养的自然流露，是一种不事张扬的情怀，一种内敛的个性，一种对信仰执著的坚守，一种宽容博大的胸怀。一个人具有了深深的阅历、厚重的内在，会在言谈举止、举手投足和待人接物中表现出来。他身上会散发一种深度的恒久存在的光华，流露于不知不觉之间。风度是一个人独有的个性化标志，是不可模仿的。

周恩来总理的站姿有个独特之处，就是右臂微微弯曲置于身前。很多人以为只要像他那样就会有风度，并加以模仿，结果适得其反。其实周总理的右臂是骨折的后遗症，因为他个人的风采，这种站姿却拥有了一种独特的迷人风度。

尽管风度具有不可模仿性，却可通过加强内在逐步培养，可落实到日常生活的具体之处。

遵守社会公德是好风度的社会起点。一个人要遵纪守法，助人为乐，不欺骗他人，不随便猜疑。公共场所讲究文明礼貌，保护环境，爱护公物，杜绝乱扔废弃物、说脏话、随地吐痰等不良习惯。

要想让自己永远保持迷人的风度，需做到以下几点：让自己拥有良好的仪表、周到的礼节。要拥有饱满的精神状态，充沛的精力，使自己成为一个富有自信和活力的人。对人诚恳，说话做事讲究礼仪规范——要知道，周到适宜的礼节，是人的内在品质的流露，人与人之间良好的印象就从这里产生。

不断追求高尚。要拥有善良、宽广的心胸；与人相处要诚恳而坦率；不居高临下，不阿谀逢迎。当然高尚的思想与品格，不是三两天所能造就的，应该从多方面去学习、去打磨。

总之，好风度绝不是水中月，它并不抽象，而是来自每一个小的修养，每一个生活细节。

第十节　礼仪是通行四方的推荐书

礼仪是人类为维系社会正常生活而要求人们共同遵守的最起码的道德规范，是人们在长期共同生活和相互交往中逐渐形成，并以风俗、习惯和传统等方式固定下来。对一个社会来说，礼仪是一个国家社会文明程度、道德风尚和生活习惯的反映。对个人而言，礼仪是人的思想道德水平、文化修养、交际能力的外在表现。

礼仪是一封通行四方的推荐书，它让人显得更成熟、更精致。它让人主动地介入社会，与社会环境、秩序保持一定的和谐和亲近度，最大限度地提升成功的概率。礼仪内容丰富多样，涉及生活的方方面面。

对于个人来说，清洁卫生是仪容美的关键，是礼仪的基本要求。要养成良好的个人卫生习惯，切忌在人前“打扫个人卫生”，比如，剔牙、掏鼻、挖耳、修指甲、搓泥垢等，这些行为都应该避开他人进行，否则，不仅不雅观，也显得不尊重他人。

服饰反映了一个人文化素质之高低，审美情趣之雅俗。具体说来，既要自然得体，协调大方，又要符合自己的职业、年龄、生理特征、身处的环境和交往对象的生活习俗等。比如，庄重场合着装要端庄大方，不能过于强调个性，最好穿套装、套裙等，要避免奇装异服，也不要过于随意。社交场合，男士应把胡须刮净；女士穿短衫，不要露出腋毛。汗毛如透出丝袜，应做适当处理。

言谈作为一门艺术，也是个人礼仪的一个重要组成部分。

与人谈话态度要诚恳、亲切；声音大小要适宜，语调要平和沉稳；要尊重他人，多使用“您”、“请”、“谢谢”、“对不起”等敬语。要正视对方，手势不要太多太大，不可用手指着对方，说话不要只顾自己侃侃而谈，要懂得倾听，别人讲话时不能东张西望、看书看报、哈欠连天，否则，会给人心不在焉、傲慢无理的印象。不要谈人隐私，揭人短处。不可背后议论他人，拨弄是非。对长辈、师长说话要尊重；对下级、晚辈说话要平易近人。当与别人意见有分歧时，要学会运用幽默的话语化解，切忌出言不逊、强词夺理，甚至攻击、侮辱对方。

站立时要挺胸、收腹、抬头、双肩放松，不要歪脖、斜腰、曲腿等，在一些正式场合不宜将手插在裤袋里或交叉在胸前，更不要下意识地做些小动作。

要有正确的坐姿：腰背挺直，肩放松。女性两膝并拢；男性膝部可分开一些，但不应过大，一般不宜超过肩宽。双手自然放于膝盖或椅子扶手上。正式场合，入座时要轻柔和缓，起座时要端庄稳重，不可猛起猛坐，让桌椅发出很大的声响。女性若着裙装，入座时应用手将裙子稍拢一下，坐下后再拉拽衣裙，就显得不太优雅。

走路时，要轻而稳，胸要挺，头要抬，肩放松，两眼平视，面带微笑，自然摆臂。遇急事快步伐时不要慌张奔跑。不要在别人正在交谈时，从中间穿越。开会、就餐或看演出如必须从别人座位前穿越时，则应致歉，然后侧身而过，切勿让自己的臀部正对着别人脸部，这是很失礼的。

公共场所，不可大声喧哗，要保持安静和卫生。进入影剧院，吃东西不要发出太大声响，更不能如同在小吃店般大吃大喝。演出结束后应有秩序地离开，不可推搡。公共财产应该注意爱护，不要随意刻画、破坏。

乘公交车时，上车要排队，对妇女、儿童、老年人及病残者要照顾谦让。上车后不要抢占座位，更不要把物品放到座位上替别人占座。遇到需要帮助的乘客应主动让座。

到饭店进餐，对服务员应谦和有礼，要尊重他们的劳动，服务员忙不过来时，应耐心等待，不可喊叫或敲击桌碗。对于服务员工作的失误，应善意提出，不可冷言相向。

宴请是常见的公关交际活动之一，恰到好处的宴请，会增进双方的友谊。接受别人的宴请，赴宴要准时。入位排座时，要听从主人的安排。坐姿要保持端正，不要用手托腮或双臂肘放在桌上。不要随意摆弄餐具和餐巾，切勿频频离席，或挪动坐椅；要避免头枕椅背打哈欠、搔头等举动。主人招呼后开始进食，进餐一次取菜不要太多，不够时可再取。吃东西不要发出声音。嘴内有食物，不可讲话。不要抠嘴，剔牙时用手或餐巾遮住口。主人祝酒时，应暂停进餐，认真倾听。饮酒不可过量，敬酒时不要硬劝强灌。礼尚往来，赴宴者还要注意回请。

涉外交往时，要做到不卑不亢，以礼相待。与外国人谈话，最好选择喜闻乐道的话题，如体育比赛、文艺演出、名胜风景、烹饪小吃等，这类话题轻松愉快，大家都会感兴趣。如外国人主动谈起我们不熟悉的话题，应洗耳恭听，认真请教，切忌不懂装懂，更不要主动谈论自己一知半解的话题。如果是去异国，要多了解当地习惯，最好能入乡随俗地按当地礼仪标准做事。

除此之外，日常礼仪还有诸多方面，这里就不再赘述。

中国是礼仪之邦，随着社会的发展，传统的礼仪有了很大的改变。但优良的礼仪风范还是应该传承下来，我们每个人都应不断以此来规范自己的行为。要知道，一个普通平凡的你，经过细心的打造可以魅力倍增，这就是礼仪的力量。

第二章

千万别让一些小事贬了你的值

第一节 谨防形象杀手——“脏话”

讲脏话在娱乐杂志中被称为“爆粗口”，有些明星常因此成为娱乐头条。戴着墨镜，拉着脸，穿着充满了叛逆图案的外套。这所谓的“潮人”造型，连带他们骂出的脏话，似乎都成为一种时尚，感染着“粉丝”以及越来越多的年轻人。年轻人甚至觉得“爆粗口”才有型，并纷纷效仿。

其实，满口脏话绝不是一种新潮。讲脏话，给人的第一感觉就是没礼貌、不文明。

在公共场合经常会有一些衣冠楚楚的男士或姿容靓丽的女士走过我们身边，当我们正用欣赏的眼光尾随他们，又会经常听到他们驾轻就熟地甩出几句脏话。这是大杀风景的一幕。

在有些人看来，说脏话是一种权利，它来源于人的本能，而且我们还常常从说者那里听出几分扬扬自得。甚至还可以听到这样的论调：“脏话是人际关系的润滑剂，可以打破人与人之间的藩篱，收到意想不到的效果。”

大多数男性对这种社交方式并不陌生，尤其是在酒馆、更衣室或运动场——这些地点象征着逃离了批评说脏话的人（主要是母亲、妻子或老师）的限制，在这里，脏话似乎真的成了释放原始人性的载体、增进感情的润滑剂。

可是，真的如此吗？也许另一种现象能对此予以回答。我们经常看到熟人之间因为大飙脏话，互相激怒，爆发冲突，大打出手。那些频频爆出粗口的人也常常被人指责和疏远。有些时候脏话的伤害性甚至高于肢体的摩擦。

意大利球星马特拉奇以毒舌著称。

2006 年世界杯法国和意大利的决赛中，在一次任意球攻防中，齐达内失去了控制怒不可遏地一头撞向马特拉齐，后者痛苦倒下后，裁判随即对齐达内出示红牌。

马特拉奇对齐达内究竟做了什么？事后，齐达内在接受法国电视台采访时，说道："当我在场上往回走时，马特拉齐在身后一直不停地侮辱我的母亲和我的姐姐，他的话语让我实在难以忍受。开始我不想听，但是他仍旧不停地说，最终我没有控制住自己。"

关于那句谜一样的骂词，英国唇语专家杰西卡·里斯曾在意大利语翻译的帮助下得出结果，马特拉奇说齐达内是"一个恐怖主义娼妓的儿子"，而另一番更直接、流传更广的说法是："我真想要的是你做妓女的姐姐。"齐达内在意甲踢球多年，对意大利语不会陌生，难怪有如此过激的举动。

尽管齐达内的惊世一撞，葬送了离法国队咫尺之遥的金杯，但在球场上频频出现类似不光彩行为的马特拉奇却得到了"球场脏话大王"的"美称"。"脏话门"事件，让他失去了大量球迷，受到媒体的谴责，更重要的是马特拉奇几乎一生失去了与齐达内和解的机会。

马特拉齐后来在自传《我到底对齐达内说了什么》的新书发布会上曾公开向齐达内道歉："自从德国世界杯后我和齐达内再也没有见过面，我已经完全平静了，我过去确实做过一些错事，但愿意承担结果，我曾经几次试图与齐达内碰面，想让一切成为过去，但都无济于事。"

为什么人们会有说脏话的冲动？大概有两种情况。很多人认为，说脏

话是对某些痛苦和不期而至的事情所做的本能反应，愤怒或烦躁时情绪的释放。还有一种是习惯性说脏话，他们在最初讲脏话时没有被制止，久而久之发展成了“口头禅”，开口必不离脏话。不管哪种情况，讲脏话都会被认为是修养的欠缺，会使形象受损，给人们留下不好的印象。而且一旦针对别人，就可能被认为是道德问题了。

在很多讲英语的国家中，说脏话暗含着地位低下、经济困窘。虽然各个经济阶层的人都会说脏话，但是很多人依然把说脏话与低收入和无教养的人联系在一起。

说脏话不仅是一种社会禁忌，在某些情况下，还是非法行为。香港法例就有禁止“粗口”的条文。在美国，有关说脏话的案例判决形形色色，下流言语往往被归入不受保护言论。法庭还检查辱骂言语中是否包含煽动人们进行暴力、诽谤和威胁行为的内容，并支持定罪。

脏话的渊源，其来久矣，邈乎难寻，很难找到最初的发明者，似乎是人类从古到今一直有这种喜好。人类的生活环境要变得文明就需不断改变这种情况。

在美国加利福尼亚州南帕萨迪纳市，每年3月的第一个星期就会展开“无脏话周”活动。活动规定：“无脏话周”期间，任何人都不得用粗俗的语言或不雅的行为手势攻击别人，否则就会遭到众人的谴责。这正是给喜欢讲脏话的人一个修正机会，让其体验使用文明礼貌语言的快乐。

人只有具备了良好的内在涵养，才能真正征服他人。不要去学习那些充满暴力色彩或侮辱性的语言，待人要和蔼，文辞需文雅。如果你已经有了些不那么“悦耳”的口头禅，就要有意识地加以控制。如果不小心将脏话吐出，应该立刻补充一句“对不起”，再告诫自己，千万不要再这样。当然，人不可能做到心无悲喜，当遇到不如意时，谁都需要发泄。其实，你可以学习一些诙谐幽默的小句子应对突发状况，这样脏话就无从“入口”了。

第二节　不做没有热情的机器人

玫琳凯是美国知名的企业家，她经过30年的奋斗，创建了一个年营业额高达20亿美元的化妆品帝国。玫琳凯在管理上有自己的一套方法。她认为，员工的活力和热情是企业发展壮大的原始动力。不过，这一点还要从一次培训说起。

一次，有人推荐一位激励大师来玫琳凯公司演讲。但是，演讲那天，激励大师的班机晚点。他风尘仆仆赶到后台时，面容憔悴、疲惫不堪。当玫琳凯准备上台介绍这位先生时，却发现他在后台不断捶打着自己的胸膛，还跳上跳下，就像一只大猩猩！玫琳凯的心一下提到了嗓子眼，心里暗暗叫苦：天啊，我正要上台赞美他呢，他却在这里“发狂”。玫琳凯硬着头皮上台宣布演讲开始。让她吃惊的是，当激励大师站在台上后，却完全换了个人：沉着稳重、神采飞扬、活力四射、充满激情，演讲慷慨激昂、铿锵有力，极其精彩，台下掌声不断。

事后，玫琳凯对激励大师说：“你差点儿把我吓晕了！你为什么要在后台那样捶胸顿足呢？”他笑了笑说：“我的工作就是激励别人，可有时候我自己也需要激励啊！比如今天，飞机误点搞得我心烦意乱、疲惫不堪。我也知道你们正期待着一位有激情、有活力又满怀热忱的演讲者，尤其是看到观众席上有那么多双期待的眼睛，我觉得此时不宜诉苦和抱怨，必须激发自己的活力，保持积极热情的状态。我也知道，只要做一些热身运动，例如，捶打胸膛就可以感觉良好、恢复活力。我不是超人，但我知道什么时候为自己的车子加油。”

这件事给了玫琳凯莫大的启发。自那之后，她在管理公司时，非常注重激发部下的活力和热情，每天都让他们充满激情地投入到工作中去。

动力是个人获得成功的最主要因素之一。教育背景、才华、人脉很重要，但个人动力的重要性，远在这些条件之上。为什么绝大多数人都没有办法像自己所希望的那么成功？很大的一个因素，就是我们没能像玫琳凯的激励大师那样适时为自己那部车子打气加油。

生活中许多人都会走入这样的怪圈。在初入职场时，热情高涨，干劲十足，对前途寄予“厚望”。可用不了多久，现实的平淡就会磨平他们的工作激情。他们感觉自己如同机器人一般，每天重复着单调的工作，面对着同样的面孔。他们不再想怎样提高效率，提升业绩，而是盼着能早点下班，期望上司不要将难啃的工作分配给自己。每当工作不顺心，他们就会“鼓励”自己换个环境，然而每一次跳槽的结果都不尽如人意。如何来摆脱这一职业困境，那就是必须想办法找回工作激情。

美国经济学家罗宾斯曾说过：“一个优秀的员工，最重要的素质不是能力，而是对工作的热情，没有热情，工作就是一潭死水。”一个人只有满怀热忱去做事，才会充满信心，全力以赴，才能叩开成功的大门。

在美国标准石油公司有一名小职员，叫阿基勃特，他几年如一日，每天都是最早上班，最晚下班。而且无论走到哪儿，每当需要他签名的时候，都会在自己名字的下方写上“每桶 4 美元的标准石油”的字样。不管是住旅馆登记，还是费用签单，即使是书信都不例外。和他一起工作的同事每天踩点上下班，干活时想办法偷懒，休息时打打扑克，到月末领了薪水，然后到酒吧喝得酩酊大醉。在他们看来，生活不过如此。他们认为阿基勃特“很傻”，当知道他签名的做法后更是嘲笑他，还有好事者干脆给他起了“绰号”，就叫“每桶 4 美元”，时间久了，他的真名几乎被人遗忘。董事长洛克菲勒知道这件事之后非常吃惊：“竟有职员如此努力宣传公司的声誉，我要见见他。”后来，洛克菲勒卸任后，阿基勃特成了公司的第二任董事长。

工作时早到晚走，在签名的时候署上“每桶4美元的标准石油”，不算什么大事，但能坚持下去，反映的却是阿基勃特长久持续的工作热情。正是这一点让他一步步走向成功。

热情是一种洋溢的情绪，是一种向上的态度，更是一种珍贵的精神，是对当下所从事的活动的热衷和执著。它是一种力量，让人有能力解决最艰深的问题；它是一种推力，使人们不断前进。具有激情的人能够感染别人的情绪，使事情向良好的方向发展。有了热情，做事才会有成果。工作是生存和财富的根本，每个成人都需要承担一份工作。饱含激情的人，永远都是工作中最被欣赏的人。这样的员工是企业进步的根本。

那么如何培养工作激情呢？

第一，必须明确工作目的。要知道自己在为什么而工作。如果是为了理想，为展示自己存在的价值，被他人和社会需要和认可，为了不白过每一天而工作，而不仅仅是为了一份薪水而工作，那么就会感到充实快乐，感到工作总是有激情的。

第二，分阶段给自己确定目标。人们往往在爬坡的时候，感到劲力十足，充满激情。爬上山顶时，反而觉得迷茫。所以，谁都需要不断地给自己树立新目标，这样工作起来才会有方向、有奔头，才会持续保持高涨的热情。

当然，很多时候，我们不得不面对自己不感兴趣的东西，这时就需要我们去慢慢培养兴趣，尽量去挖掘工作当中的乐趣和意义。有热情的人总是能够想到好的办法将枯燥的东西转化为自己乐意的方式去做，比如，电话查询员面对无数的数字将其转化成动作体操来记，而讨厌背诵的小朋友也会为课文配上音乐。兴趣永远在发现中，在你人生的过程中，只要寻找，就会拥有。

还要告诉你一个小诀窍：用一些简单易行的方法使自己每天保持着激情活力，如跑步、踏青、踢球等运动。这样不但有助于提高自己的做事效率，还会让你拥有更多的朋友。

第三节　如果被踩到，请做宽容的紫罗兰

有一支军队在沙漠里遭到了敌人的突袭，鲜血染红了沙漠里的黄沙。当时，有两个人还活着，一个是年轻的指挥官，一个是年老的炊事员。

“请你带上我一起走吧！我的沙漠阅历很丰富，我能辨认方向，没有我，你绝对走不出这个沙漠。”指挥官看着双鬓花白、一身伤病的老人，一时悲从心起，又想起葬身在沙漠里的士兵的双亲一定很痛苦，他跳下马，扶老人上马坐好，自己跟在马后面。

太阳炙烤着他们，指挥官喉咙干得像要着火一样，但是他们连一滴水也没有，更没有食物。老人说：“把马杀了吧！”指挥官点了点头。

“现在马没了，我又走不动，你背我走吧！”两个人的体力都很差，老人却提出了无礼的要求。指挥官愣了一下，虽然心有不快，但还是背起了老人，因为指挥官一直很内疚，为自己的无能，为自己的战败，为老人的处境，指挥官一想到这一切，不快顿时也消失了。

时间一天天过去，老人的身体一天比一天差。沙漠好像无边无际一样，似乎怎么走都到不了尽头。尽管如此，指挥官却对老人更加体贴、周到，但是老人的要求一天比一天过分，每天，他都会吃掉一大半的剩余马肉。指挥官越来越虚弱，再也背不动老人了，他一下子倒在了地上。这时，老人才说：“你自己逃生吧！我不行了！”

“不，我一定要带你出去，我一定要将你送出沙漠！”指挥官斩钉截铁地说。

老人这时却笑了，然后说：“可怜的孩子啊，难道这些天你没有发现我一直在刁难你吗？我没想到的是，你会一直容忍到现在。”说完，老人从身上解下一个布包：“拿去吧，里面有水和食物，还有指南针，你朝东再走一天，就可以走出沙漠了，我们已经浪费了那么多时间……”

“不，”指挥官摇了摇头，“我不能丢下你，我要背你出去。”老人勉强睁开眼睛，说：“其实我一直在带你绕圈子，原本只需要3天就可以走出沙漠的，因为我记恨你！在战场上，我亲眼看着两个儿子死在敌人的刀下，这都是因为你的无能。可是，这一段时间的相处，你一直在帮助我、呵护着我、容忍着我，我内心的仇恨被你一点一滴的行动化解了，我不再想着仇恨，只想让你活着……”说完，老人欣慰地闭上了眼睛，满脸安详。

荷兰哲学家斯宾诺沙说过：“人心不是靠武力征服而是靠爱和宽容征服的。”学会了宽容，也就多了一份人生的经验，拓展了你的心怀，被世人所敬佩。宽容是一种修养，这份修养具有沁人心脾的感染力，让对方也会变得高尚起来。享誉全球的澳大利亚畅销书作家安德鲁·马修斯在《宽容之心》中说过：一只脚踩扁了紫罗兰，它却把香味留在那脚跟上。如果你的自尊心被人有意或无意“踩到”，那么就做一枝宽容的紫罗兰，把善良、爱和美的芳香传给伤害你的人吧。

学会了宽容，就学会了成长；懂得宽容的人，往往更能得到别人的尊重，正所谓“海纳百川，有容乃大”，说的就是这个道理。

屠格涅夫有这样的名言：“不会宽容别人的人，是不配受到别人的宽容的。”你宽人一尺，别人也会容你一丈。宽容，更多的时候是在为自己拓宽路途。

文学大师雨果曾说过这样一句话：“世界上最宽阔的是海洋，比海洋宽阔的是天空，比天空更宽阔的是人的胸怀。”

英国历史上著名的剑手欧玛尔就因为心胸开阔，而受到无数人的尊敬。欧玛尔有一个与他势均力敌的对手，两个人斗了三十年还不分胜负。后来，在一次决斗中，对手从马上摔下来，欧玛尔持剑跳到他身上，胜负眼看就要揭晓。这时，对手因为愤怒而向他脸上吐了一口唾沫。欧玛尔却停住了，将剑收回说：“咱们明天再打。”对手顿时蒙了，不明白欧玛尔的用意何在。欧玛尔说：“三十年来我一直在修炼自己，让自己不带一点儿怒气作战，因此，我能常胜不败。刚才你吐我的瞬间我动了怒气，这时杀死你，我就再也找不到胜利的感觉了。所以，我们只能明天重新开始。”

对别人宽容也是对自己的一种包容。宽容他人就是善待自己。很多人之所以不快乐，就是因为不懂得宽容别人，因此加重了自己心里的负担。一个懂得宽容的人，一定会是一个快乐的人。宽容能驱除我们身上的愤怒、不平，减少不必要的能量耗费，让我们以清晰理智的头脑、充足的体力去处理问题。它能将蛮横、盲目和心胸狭隘等缺陷净化得无影无踪，从而拓宽我们的成功之路。

当然，宽容是一种功力，有时并不是想放下就能放下，如果你怎么也难以说服自己，不妨把事情搁置一旁，让时间来化解一切。经过时光的洗礼，等你再回过头时，一定是另一番气象。

第四节　贬低别人并不会抬高自己

年轻人刚步入社会同人交往时，都喜欢彰显自己优秀的一面。在此过程中，适当抬高自己并不为过，不过有一点需要注意，抬高自己千万不能以贬低他人为代价。当自己确实技不如人，别人超过自己时，要保持一种善意、欣赏、支持的正确态度，这就是一种处世“风度”。

现在人们崇尚自我表现。那些善于交际应酬的人，会尽量把自己的长处呈现于客户、同事、朋友面前。比如，伶俐幽默的口才，开朗的性格，渊博的学识，大方、温文尔雅的举止，得体典雅的服饰，都会给人一个良好的印象，拓宽交际的路子。所谓抬高自己，一定意义上讲就是努力表现自己。适当地抬高自己并不会被看做自负，然而倘若在言行上刻意贬低他人，评头论足，无中生有地捏造别人的缺点，那就是问题了，只能使别人对你产生反感。

张路从学校毕业后进入一家事业单位工作，因为聪明灵活，能说会道，开始时人缘还不错，也深得领导喜欢。可后来大家发现他好胜心过强，凡事都要抢风头，甚至有时不择手段。

一次，单位准备培养一批新人作后备干部。张路的部门只给了一个名额，他和同时参加工作的李鑫同时报了名，这样张路就有了一个竞争对手。本来，张路和李鑫平时关系还挺好，可有了这件事，张路的态度开始有了变化。在同事和领导面前谈话、聊天时，除了对自己的优点侃侃而谈外，还总佯装无意提起李鑫，生搬硬套穿插话题，而且都是负面的，什么性格啦，什么作风人品啦，什么不求上进啦，等等，总之只要是对李鑫不利的事，他都会拿出来渲染一番。他的目的很明显，就是把李鑫比下去。可是事与愿违，不久，张路发现同事们都对他敬而远之了，甚至还有意躲着他走，领导对他的态度也明显冷淡了许多。正当张路困惑的时候，结果出来了：李鑫赢得了名额。

张路的表现是典型的抬高自己、贬低别人，像这样的人生活中是不少的。

对他人心怀不满，或为了有利于自己，不惜破坏别人的形象，鸡蛋里挑骨头，甚至造谣生事，其结果既有损与他人的感情，又搬起石头砸了自己的脚。

抬高自己与贬低别人，其表现有时常常只是一步之遥，关键在于把握适当的分寸。要考虑自己的身份、做事能力，以及是否与当时的气氛和谐，在这个基础上，适当地表现一下，就可能赢得别人的好感。

若无这样的修养，刻意地引人注目，只能给人虚张声势之嫌。比如，用矫饰的表情、夸张的动作、旁若无人的高声谈笑，来不断渲染自己的优点。还有些年轻人为了在异性面前讨得好感，或贬低同性或嗲声嗲气、乱送秋波，不仅俗不可耐，还有道德问题之嫌。要知道对同性的友好，是心地善良的表现。其实无论何时，男生的油腔滑调，女生的轻浮自傲，在生活中都得不到认可与尊重。

如果说以上是从为人处世的角度来讲的，在这里还有必要介绍一种讲话艺术——适时贬低自己，抬高别人。

我们研究马云的成功，不难发现，马云和阿里巴巴之所以为如此多的人所接受，甚至许多人将他看做偶像，其实有一个重要原因就是，他让普通人有了自信。而马云深谙适时贬低自己、抬高别人的讲话艺术。

> 马云会说："我从小是一个傻孩子，大愚若智，其实很笨，脑子这么小，只能一个一个想问题，你连提三个问题，我就消化不了了。"
>
> 马云还会在媒体、大众面前毫不回避地说，自己小时候数学补考过几次、高考考了多少次、创业途中曾几经挫折。
>
> 他会说："我很少觉得我自己是精英，穿件西服有时候也难受。我的电脑知识实在有限，不懂IT也不懂网站。我有一句座右铭叫'永不放弃'，我想如果每个人都能做到这点，80%和我一样的人都能成功。"

这种讲话方式我们并不陌生。比如，某人升了职或受了嘉奖，别人见面总是要夸他两句，这人会说："受之有愧呀，像我这种二脚猫的功大都可以，以你的能力下次一定比我强。”诸如此类。其实，这种说话方式正是符合了现代成功学里一个重要概念——“Tee－up”法则。

这个法则源于高尔夫球运动。“Tee”是打高尔夫球插的小杆子；“up”就是把它垫起来的意思，垫高。打高尔夫球时，开杆前要插下那个“Tee”，然后把球摆上去，这样才容易让球飞起来，不然球就可能只在地上滚动。这就是“Tee－up”法则——把自己放低了（看似没有价值），再把对方垫高了（对方显得高大而有价值），结果自己就成了对方离不开的、最有价值的“Tee”。

这个法则很合乎人们的日常心理。很显然，如果有人高高在上，会令我们很不舒服！而一个和你一样普通的人或者不如你的人在你面前，你就多少能找到些自信、有了些优越感。而对方往往也因此让人接受、喜欢，在不知不觉中做成想要做的事。

“贬低自己，抬高别人”的说话方式，是谦虚而不是自卑，它会让你赢得更多人缘，为你的成功打下良好的人际关系基础。

无论是抬高还是贬低，都要看所处的环境、当时的氛围，关键是能做到平衡，如果能做到这点，就算是一种智慧了。

第五节　不要总说别人的责任

晚饭后，7岁的艾迪正在写作业，外面的风太大，门被一次次刮开，于是艾迪不得不一次次地去关门。而此时，艾迪的父亲正站在门口跟邻居山姆叔叔聊天。没多久，风又把门吹开了，艾迪猛跑过去将门关上。恰好此时，艾迪却听到了父亲痛苦的叫喊声，同时门被反弹了回来。原来艾迪关门的时候，父亲正要进门，手被卡在了门缝里。看到父亲的五官因为痛苦而扭曲着，艾迪害怕极了。父亲暴怒着举起了巴掌，但是手并没有打在艾迪脸上，而是带着一阵风停留在了半空中。事后，父亲对艾迪说："我当时快痛死了，真想狠狠地打你一个耳光，可是当手扬到半空中时又转念一想，是我自己把手放在门上的，凭什么打你呢？"

故事中父亲这句极为普通的话，却给了我们一个启示：自己犯了错误必须承担后果，不能迁怒于他人，不可推卸责任，无论你是谁的父亲、老板，还是领袖。相信这件发生在小男孩童年的小事，对他的一生都会有无尽的影响。

每个人都应该为自己的行为负责，都要承担它的后果，无论好坏。事实上，是否能勇于承担责任，常常会影响人生的发展。

每个人都会犯错误。人们往往对于承认错误和担负责任怀有恐惧感。因为承认错误、担负责任往往会与接受惩罚相联系。在出现问题时，不敢担当的人首先会归罪于外界或者他人，总是寻找各种理由和借口来为自己开脱。不过在旁人看来，这些都是无理的借口，并不能掩盖已经出现的问题，也不会减轻要承担的责任，更不会让你把责任推掉。

张元和宋杰都在快递公司任职，他们工作努力，表现很好，老板看在眼里、喜在心里。有一天，他们两个负责把一件大宗邮件——一件价格昂贵的古董送到码头。老板反复叮嘱他们要备加小心。到了码头开始搬运邮件的时候，张元把邮件递给宋杰的一瞬间，宋杰一时没有接住，邮包一下子掉在地上，古董破碎了。回到公司后，老板脸色阴沉。两个人离开老板办公室后，宋杰又偷偷回来了，说："老板，这不是我的错，是张元不小心打坏的。"老板随后就叫来张元查问，张元把事情的经过说了一遍。最后他说："这件事是我们的失职，我愿意承担责任。宋杰家庭条件不太好，我愿意一个人承担。"

后来，老板同时把他们叫到办公室，说："其实，古董的主人已经看见你们两个在递接古董时的动作，他跟我说了他看见的事实。是的，你们的失误给公司造成了损失，但是也让我确定了部门经理的最佳人选。”一个月之后，张元当上了部门经理，宋杰递交了辞职报告。

宋杰因为在关键时刻选择了逃避，而失去了工作机会；张元则由于在压力下依然勇于面对，勇于承担责任，获得了新的机会。

事实上，敢于承担责任的人会令人更加敬佩。因为你的勇于担当，诚实可信，别人只会更加尊重、信任你，愿意和你一起共事，并委以重任。

如果说得更远一点，每个人对自己的行为负责还关系到社会风尚和人类的文明。

第二次世界大战后就曾引发关于普通纳粹士兵是否应对个人行为负责的问题。

第二次世界大战期间纳粹德国的普通士兵中很多人也并不认为追捕屠杀犹太人是正确的，但在接到上级命令时，还是执行了。战后，一些士兵认为自己该种行为是不折不扣的犯罪，但更多的人则认为自己不过是在执行命令——况且假如不执行这样的命令，恐怕自己也性命难保。

存在主义在第二次世界大战后曾风行一时，某种意义上说是因为它回答了这一问题——每个人都要对自己的行为负责。每个人就是其自身全部行为的总和，除了行为及其后果外，他一无所有。而那些无机会表现出来的人道主义及好意是不算数的。这就是说那些士兵在面对犹太人时可以选择不开枪。但他们在自己的生命、前途的考量面前却选择牺牲他人的生命，既然这样，那就应该为这一选择负上相应的责任。第二次世界大战后普通德国人也对在第二次世界大战中与德国纳粹党的合作行为痛悔不已，并为此向受害者道歉，可以说这正是负责任的表现。

鲜活的历史与现实一再提醒我们，一种恶行之所以会畅行无阻，不仅是因为几个发布命令者的强权，更多的是那些执行者，甚至是更大范围内的旁观者的责任，没有合作与默许，恶行根本无从发生。

人的一生就是一个不断选择的过程，这贯穿了人们的全部生活。有时，你不做选择，那可能也是一种选择。在很多情况下，个人选择不但关系到自己，而且涉及他人利益。

应该记住：人不过是自己的自画像——是自己一连串自我选择后的结果。人最终要为自己所做出的选择负责任，无论这选择是主动还是被动的，那都是出自你这个活体。

第六节　可以有善意的谎言，但不要谎话连篇

谎言，是一种刻意隐瞒，或是一种与真相不符的信息。它有时意味着欺骗，但有时候又是一种善意的保护，使他人从中获得力量与希望。

有一架飞机在飞往目的地的途中，由于受到天气的影响，紧急迫降在沙漠里，飞机因此遭遇损坏，无法起飞。沙漠里的信号不好，所有的通信设备暂时无法与外界取得联系。此时，人们陷入了绝望的深渊，心里恐慌无比，开始争夺飞机里的粮食和水，眼看要大打出手。

就在这时，大家听到一个镇定自若的声音："大家不要惊慌，我是飞机设计师，大家安静下来，然后听我的指挥，只要我们齐心协力一定能修好飞机，相信我，每个人都能安全地离开这里。"恐慌的人群顿时安静下来，人们陆陆续续将手里的东西放回原处，一起奔向这个给他们带来希望的人。然后，他们听从设计师的吩咐，相互鼓舞，相互帮助，人人节省水和粮食，一起对抗沙漠里的风暴，在这个过程中人们的心渐渐平静下来。一天，两天……十天过去了，设计师每天

都在忙碌着试图修理好飞机，还不断地告知大家“就快修好了”。第十一天的早晨，一队往返沙漠的商人搭救了他们。后来，人们才知道，那个乘客根本不是飞机设计师，他是一名少儿教师，他不过是为了安抚人们而使用了一个谎言。

小时候，大人们每次讲完“狼来了”的故事都会告诫我们，不要说谎，做人一定要诚实，否则就会像那个放羊的小孩一样被狼吃掉。大人们的话是正确的，诚实是做人的根本；但随着我们逐渐长大，后来我们发现有一种谎言无关乎诚实与否，它是善意的，人们偶尔会需要这样的谎言。比如，一位老人忽然很有兴致地告诉你：“我要再活一百年，然后把年轻时没有做完的事，全部做完。”当然，事实上，这是不太可能的。但这时你会说：“只要您每天开开心心的，一定会长命百岁，一定会如愿以偿。”这样善意的谎言无论何时都会带给人快乐与希望。

美国著名作家欧·亨利在小说《最后一片叶子》里就讲述了一个有关善意谎言的故事。

患肺炎的穷学生琼西看着窗外对面墙上的常春藤叶子不断被风吹落，她说，最后一片叶子代表她，它的飘落，代表自己的死亡。贝尔曼，一个年老的画家，在听过苏讲述室友琼西的故事后，在最后一片叶子即将飘落的夜里，搭着梯子站在狂风暴雨里画出了一片“永不凋落”的常春藤叶，编造了一个善良的谎言，而自己却患上肺炎，很快去世了。

善意的谎言，就像一束光，能在人迷茫时将阴霾的心灵照亮。它能使人们之间的关系更加和谐，使人积极向上。善意的谎言能让人找到笑对生活的理由，又有谁会拒绝善意谎言背后的爱呢?

认同善意的谎言和支持说谎是两个概念。

比如，在办公室，面对同事时，在私人空间中，同家人、朋友、邻居

在一起时，我们有时害怕某个事实被揭露出来，会编造谎言，这是一种掩饰。

这类谎言，为了让对方看不清或者看不见自己的真实情况，虽然类似演戏的性质，很多时候无关大碍，也无可厚非。然而，谎言背后，往往隐藏着一个人不知应该如何排解的困扰或者对环境变换的不适应，也有的是因为迫不得已。其实，这时，如果你能敞开心扉，对那些可信的人坦率讲出实情，更多时候会得到帮助和谅解。

还有，损害了他人利益，为了逃避责任、为一己之私而说谎。这种谎言最终会被人识破，而失去再说谎话的土壤，自己的贪欲所指向的东西也终将失去。

例如，在工厂中，当发生产品质量事故，导致一定后果时，有关责任人试图隐藏产品质量问题背后的真相，就会制造相应的谎言；当某政界和商界人物的行贿受贿丑闻等被披露时，有关当局新闻发布会上的一般说辞是："当事人不太小心，没有留意。这是工作不小心导致的失误。"尽量以谎言推卸责任，想脱开干系。

还有些时候，人们为追求不正当利益，将"不知道"、"不清楚"作为借口，并以此保身。

比如，企业中，某一"背光"的行为被曝光后，相关负责人被问及与此隐秘事件相关的话题，常常能听到他们用"忘记了，不记得了"这样的话来为自己开脱。就是到了某些说谎的官僚、政客、大企业领导人的谎言被揭穿时，他们又以"当时太大意、没太在意或我没经手，当时是我的助理在处理"此类话来搪塞，好像他们并无太大过失。

虽然说记忆失灵、理解失误、口误这些现象难免在人们身上发生，但有些人明明对真相了如指掌，却还要在众人面前或者镜头面前说些"不记得了"之类的搪塞之词，这是不折不扣的谎言。他们试图隐藏自己不可告人的"难言之隐"，却不知道欲盖弥彰，当谎言被揭穿时，一切都将落空。

另外，一个人一旦说了谎，为了圆谎就要不断地说谎下去，像滚雪球似的越滚越大，最终会到自己难以控制的程度，这是很可怕的。

我们生活的这个世界，只要有人类存在，其实就会不停地出现谎言。谎言成了人们永远无法摆脱的伴侣。人们撒谎往往与趋利避害相关，一个有血有肉的普通人，谁不避害趋利呢？然而问题的关键是，我们的有些谎言常常会为自己设置高高的栅栏，挡着别人的同时，也终将自己困于其中。

第七节　微笑会带来好运气

林一是一家公司的老板，他做事果断有头脑，对员工也绝不苛刻，奖励上也算慷慨，但他在公司经常遭遇尴尬。下面是他自己的一段叙述：

“前些天我出差回来后直接去了公司。发现办公室喜气洋洋，员工有说有笑，手里的活也没有停下来，但他们一看到我，立刻换了表情，屋里变得鸦雀无声。

“我当时感觉特尴尬。其实我并不介意员工在工作时间随便聊几句，工作效率不是硬压出来的，轻松愉快更出活儿。但不知道为什么，尽管我每天尽量在自己的办公室里，并不直接看到他们，但是只要我一坐到座位，员工那边就像得了什么感应，马上变得死气沉沉。

“我感觉自己挺失败的，开会发言总得我一个个点名，并且我都怀疑他们说的是不是真心话。于是，我就把开大会变成开小会，桌上摆水果，就像茶话会的样子，但是大家还是一个样。除了几个老员工说说，其他人还是低头不语，很拘谨。

“眼看着一个个鲜活的新人一进公司就变得谨小慎微，我比他们还纳闷儿。

“后来，我找了几个老员工了解了一下情况：他们都说因为我总不笑，拉着脸，大家都以为我对同事们不满意，所以一见到我就心里打鼓。我性格内向，再加上工作压力大，可能不太会笑，倒不是故意摆张‘臭脸’。其实我老早就知道员工对我的‘不笑’，意见很大，却不知道到了这种程度。”

身在职场，“拧巴”的五官搭配对于周围的同事及伙伴来说，可能正在构成一种“表情暴力”侵犯。林一的情况就是如此。情绪是具有巨大的感染力的，老板总是不笑，就会给员工传递一种消极、压抑或焦虑情绪，自然员工会感到压力与困扰。

看来，笑容的作用真不可小觑。其实，不只是职场，人和人在任何场合的接触都是如此。英国诗人雪莱说过：“微笑，是仁爱的象征，快乐的源泉，亲近别人的媒介。有了笑，人类的感情就沟通了。”微笑是很好的沟通媒介，可以为你带来机会和财富。例如，在一家商场里，同样的几个店面，货物的摆放和种类几乎一样，就连售货员的年龄、装扮也相差无几，但是比较几天的营业额后发现，以微笑相迎的店员所在的店面成交额要高出其他店面很多。

希尔顿在创业初期，投资了几千美元开了第一家旅馆。希尔顿的母亲告诫他：“你应该学会把握更有价值的东西，那就是微笑。有微笑的服务才是最能为你创造价值的。”因此，希尔顿要求他的员工，永远对顾客保持微笑。后来希尔顿还将酒店的口号改为：“今天你微笑了吗?”而他自己也是不管走到哪里，脸上都保持着微笑。也许，正是因此，就是在美国经济最萧条的时期，希尔顿的旅馆也照常经营。

我们也常在电视新闻上见一个国家的首领同另一个国家的首领会谈，大家几乎都是带着得体的微笑，是否有板着脸的呢？如果是那样的话，那恐怕是要讨论战争问题了。

当年小平同志和撒切尔夫人讨论香港问题时，双方脸上都带着微笑，为什么笑呢？谈判桌上如同战场，尽管内心喜悦倒不一定没有，但是主要还是为了拉近距离吧。距离近了，话就好说些。

在人际交往中，真诚的笑容永远让人难以拒绝。在笑容中，微笑又是最常见的。世界各民族普遍认同微笑是基本笑容或常规表情。在人际交往中，保持微笑，至少有以下几个方面的作用。

第一，表现心境良好。面露平和欢愉的微笑，说明心情愉快，充实满足，乐观向上，善待人生，这样的人才会产生吸引别人的魅力。

第二，表现充满自信。面带微笑，表明对自己的能力有充分的信心，以不卑不亢的态度与人交往，使人产生信任感，容易被别人真正地接受。

第三，表现真诚友善。微笑反映自己心底坦荡，善良友好，待人真心实意，而非虚情假意，使人在与其交往中自然放松，不知不觉地缩短了心理距离。

第四，表现乐业敬业。工作岗位上保持微笑，说明热爱本职工作，乐于恪尽职守。如在服务岗位，微笑更是可以创造一种和谐融洽的气氛，让服务对象备感愉快和温暖。

真正的微笑应发自内心，渗透着自己的情感，表里如一，毫无包装或矫饰的微笑才有感染力，才能被视作“参与社交的通行证”。

第八节　别让判断力拦截我们的智商

我们都知道这样一个笑话。

一对父子在集市中买了一头驴，牵着回家。途中，有人见到后

说，瞧，还有这种人，有驴子不骑，却要走路。父亲听了，便让儿子骑着驴走。走了一会儿，又引来了别人的议论，他们指责儿子不懂孝顺，自己骑驴却让父亲走路。儿子赶紧下来，父亲骑上了驴。继续往前走，又有人指手画脚，说父亲不疼儿子。这下两个人犯了难，想了半天，父子两个都骑到了驴身上。刚走不远，又听见旁人议论：说两人不懂得爱护驴，想把驴累死。两个人又都赶快下来。这时，父子两人真不知该如何是好，干脆，便抬起驴走路了。

故事固然让人觉得好笑，但笑过之后想一想，我们自己是不是也经常有犹豫、不知所措、拿不定主意、不知该听谁言的时候呢？这其实很正常，再果断的人都难免在一些事情上犹豫不决。但如果凡事都没有主见，人云亦云，就会失去自我，变成人群中的平庸之辈。

小张毕业后进入机关工作，听人说在机关与领导的关系很重要，凡事要多向领导汇报请示，便记在心上。

办公室门锁坏了，领导让小张买个新的换上。小张跑到五金店，选好东西，刚要付钱，一想不对，还没跟领导汇报呢。于是他跑回去，向领导汇报了门锁的种类及价格，请示买哪一种好。

听小张说完，领导微笑道：“你自己决定就行了。”边说还拍了拍他的肩膀。小张心花怒放，看来“凡事多请示”说得没错！

又一次，打印纸用完了，领导让小张去买。依上次的经验，小张先把打印纸的品种、价格摸了个底清，还打印出来，拿给领导作了详细汇报。领导很高兴，还夸小张办事细心。

以后，无论大事小事，小张都先向领导汇报请示。在他看来，这样既不会出错，又能增进同领导的关系，可谓一举两得。

后来，因为人事调整，科里空出一个副科长的位置，小张和同时进单位的小李都有希望。不过小张很有信心，他想，就凭自己和领导的关系，绝对比只会闷头做事、不知道请示汇报的小李强！

这天，小张又有事汇报，却在门口听到领导与人事科长的谈话："这个副科长还是叫小李干吧，小张太没主见，什么事就知道请示汇报……"

小张的错误就在于总是以领导的意见为中心而渐渐失去自我，忘记了培养自我的判断力。

做人做事不能没有自己的想法。缺乏主见之人做什么事总是考虑别人的意见多过自己的想法，常给人以优柔寡断之感；缺乏主见还常常与不敢承担责任联系在一起，很难被委以大任。有自己的想法，是一个人独立和成熟的体现；有主见，才能突出个人特色，是一个人能力的重要标志。

其实，是否有主见，体现的是一个人的判断力，与一个人的个性有关。要想做一个有主见的人，就要提高判断力。康德说，判断力是一种天赋的能力，只能锻炼却没法教授。既然无法教授，那你该怎样锻炼判断力呢?

为解决这个问题，先来分析一下人为什么会没有主见。

没有主见一般有这样几个原因：比较软弱，不够自信，就容易受别人干扰；不愿思考问题，总爱依赖他人，当然也就无个人见解；过于追求完美，担忧这担忧那，就会想听到旁人的意见，可意见太多，就会丧失自己的判断力；还有可能是你的经验不够，怕作出错误的判断。

要做一个有主见、有判断力的人，需要针对上面的原因，各个击破。

首先，要学着自信。自信是一种态度，一种内心修为。你要不断地"查看"自己，了解自己的优点，给自己确定处理事情的原则：可以听取别人的意见，但别人发表意见时，自己也要有主张。

其次，还应该多思考。主见是一个人思考的结果，无思考的过程，就不会提出个人观点。你也要学着抓事物的主要矛盾。解决问题时不能总想面面俱到，找到主要矛盾，先解决它，其他事情就容易处理了。

要想判断准确，需要能理解事物的原理或本质；当然，也可以凭丰富的经验来判断。因此还应该在两方面下工夫——多经历、多学习。

有些人聪明老练，但有时也会判断力失灵，迟迟拿不出主张。这时很可能是因为他一直在关注同一个层面，走不出惯性。所以有时你也得拉高层面来看问题，只有看得较高、较远，才能做出更正确的判断，更快得出结论。

抛出硬币，正反的机会各半，倘若你只是为判断正反面而苦苦思索，想破脑袋也未必有定论，但这却是大多数人日常烦恼的主要来源。其实很多的选择，只不过是选择了一种方式而已，无所谓对错，也无法验证，其间更充满了不可预见性。你所作出的任何一种选择，在不远的将来，都将再次遇到新的选择。所以，很多时候“随便选一个”是真谛所在。

当然，提倡有主见，并不是说要我行我素，听不进别人的意见，错了也不接受批评。而是在于坚持真理，坚持自我。而弄清自己所坚持的东西是否正确，同样需要判断力的参与。

第九节　自控力会为你除掉心中的藤蔓

自控力，是指自我控制的能力，就是一个人对自身的情感、欲望、冲动施加的正确控制。简单地说，就是我们将自己认为“应该”做的事付诸行动的能力，或将自己认为“不应该”做的事情有效制止。

一个人的自控力如何会影响生活的方方面面，最终成就个人的现状？

心理学家曾做过这样的实验：在一个房间里集中起一群四五岁的孩子，告诉他们，自己要出去一会儿，现在有一些他们爱吃的糖果，假如现在吃，每人只能得到一颗；如果等他办完事回来再吃，可得到10颗。结果，心理学家关上门后，孩子们的反应各不一样。有的孩子急切地拿起一颗糖就吃，有的孩子则能抵住诱惑，一直等着心理学家回来，最后得到10

颗糖。后来心理学家对他们进行了多年的跟踪研究，结果发现：那些能克制欲望的孩子更稳重可靠，到一个新的环境能更快速地适应，人际关系更融洽些；而那些克制力差的孩子，遇到压力易退缩，性格较前者固执、偏激，更易受挫。心理学家因此得出，自控力对于一个人发展具有不可忽视的影响。

日本作家稻盛和夫在其《活法》一书中鼓励人们一定要学会驾驭自己的本能，如此方能得以发展，遇事才能做出正确的决断。有自控力的人永远懂得自己下一刻必须做什么，而不仅仅是该做什么。他们会更理性地朝目标前进，不为本能与情感所牵绊。

是的，在学习工作中，一个有自控力的人会明了自己当下的任务，将那些有碍于达成目标的事情从脑子里滤掉，从而更加专注。自控力差的人则相反。

比如，一个人上班时，本来前一天安排好了今天的计划，但忽然间不想干了，于是放纵自己，一整天在单位什么正经事都不做，只是晃到时间下班，然后回家；或者平时都挂在网上，无论在家里还是在单位，一遍遍地刷屏，哪怕眼睛发疼、两腿坐到发麻都不肯停下来。

如果，他能有足够的自控力，上班利用好时间，晚上回家不上网打游戏到很晚以致影响休息，这样他可能就不会把工作拖到最后一刻才拼命去做，手头的项目就不会草草收场，也就不会看到老板因不满而变得阴沉的脸。

如此看来，控制力能为我们省下做那些不必要事情的时间，去专心做那些于我们真正有益之事。反过来说，当一个人开始合理安排自己的时间时，自控力的培养也就开始了。因为我们在管理自己的时间的同时，也在不知不觉审视自己生活中的琐事，得出哪些事于自己有贡献，哪些纯粹是在浪费时间，我们也由此学会了规划时间。这个过程逐渐培养出我们对时间的敏感，渐渐地提高自控力，对那些浪费时间的事说“不”。每一次克制住自己不去做一件浪费时间的事，自控力就会随之提高一分，进而下一

次再遇到此类事时就能克制得更好。这是一个良性循环，我们会不断省下更多的时间，做那些于我们有益之事，也正是这样许许多多的事成就了我们。

在生活中，一个有自控力的人还知道如何控制自己的情绪，删除头脑中那些不好的想法，从而变得更加理性成熟。在与人交往时，有自控力的人会处理好与他人之间的矛盾，赢得他人的好感。这样的人生必然可以走得更好、更远。

比如，某人很善良，为人热心肠，可就是脾气不好，不分时间地点场合的怒发冲冠，甚至对领导遇到不顺心也表现出来，不善于控制情绪影响了他的人际关系，影响了升职。这个人认识到这一点并决心改正。再处理什么事儿时，当他察觉到自己情绪激动、眼看要控制不住时，就及时采取暗示、转移注意力等方法克制冲动。言语暗示如“不要做冲动的牺牲品”，“过一会儿再来应付这件事，没什么大不了的”等，或转而去做一些简单的事，或换到一个安静平和的环境，这些都很有效。这样的自控力他收获很多，慢慢地，朋友多了，工作起来阻力也少了。

自控力最重要的就是控制那些明知道不应该，却始终如藤蔓一般缠绕心神的东西。人总是有一种惯性，愿意随自己的心意而为，虽然知道有些并非是正确的。但那些成功的人往往拥有非凡的自控能力，就像孔子所言的“非礼勿听，非礼勿言”，他们能在自己耳边轻声而坚决地说“非如此不可”。而就是这样的自控力成就了他们。

从一点一滴开始，从安排每天的时间开始，提升我们的自控力，我们的生活一定是高效而愉悦的。

第三章

身边的圈子决定你的价值

第一节　你能走多远，看与谁同行

在一个题为“创造财富”的论坛上，发言人给现场听众做了这样一个小测试，他让每个人拿一张纸，写下和他们相处时间最长的6个人，也可以是与他们关系最密切的6个朋友，记下他们的月收入，然后算出他们月收入的平均数，这个平均值便能反映被试者个人月收入的多少。结果显示，被测试者的月收入与最后所得平均值基本差不多。对此，发言人最后有这样的结论：“一个人有多优秀，看他（她）有谁指点；一个人有多成功，看他（她）有谁相伴；一个人能走多远，看他（她）与谁同行。”

中国有句古语：“近朱者赤，近墨者黑。”美国也有句谚语：“与傻瓜生活，整天吃吃喝喝；同智者生活，时时勤于思考。”这两句话其实都道出了同一个道理：朋友对一个人的影响力非常大，大到潜移默化地影响甚至改变你的一生。

德国行为学家海因罗特在实验中发现这样一个有趣的现象：刚刚破壳的小鸡会本能地跟随在它第一眼看到的自己的母亲后面，但假如它第一眼看到的不是自己的母亲，而是其他活动物体，它也会自动地跟随其后。更重要的是，这只小鸡一旦形成对某一物体的跟随反应，它就不可能再形成对其他物体的跟随反应了，这就是“印刻效应”。“印刻效应”在人类的世界里其实也并不少见。一个人如果固定在一个

生活圈子，时间久了，他渐渐在潜意识里就排斥其他圈子了，而且他的生活方式、习惯、品位也渐渐趋于和这个圈子同步。

物以类聚，人以群分。怎样的朋友，在很大程度上预示着怎样的未来。

同酗酒、赌博的人终日厮混，你的进取心也会慢慢被消磨；与投机钻营的人在一起，你不会踏实；经常与满腹牢骚的人对话，你也会变得爱发牢骚；与唯利是图、见利忘义之辈为伴，你的心也会慢慢染上铜臭。

如果你的朋友都是积极向上的，你的心也会受到鼓舞，你就可能成为积极向上的人；倘若你希望更好的话，你的朋友一定要比你更优秀，因为你会从他们那里得到成功的经验，他们还有可能把你带到更高、更广阔的领域，你的人生也许由此不同。

软银赛富基金首席合伙人阎焱之所以要赴美留学，就是因为他在北大读研时遇到访问学者 Roger Michiner。Roger Michiner 来自美国普林斯顿大学，是阎焱的任课老师，他很欣赏阎焱，两人经常一起聊天。一次 Roger Michiner 主动对阎焱说："你应该去美国读书，我可以帮你写推荐信。"通过托福考试，阎焱取得了美国普林斯顿大学录取通知书和四年全额奖学金，之后，Roger Michiner 在生活上又给予了阎焱很大帮助。后来，阎焱回忆说："我到美国的第一个晚上，就住在 Michiner 教授家里，他的家也在普林斯顿。Michiner 教授对我非常好，在普林斯顿，他仍然是我的专业教授。我毕业多年以后，他也离开了普林斯顿大学。我们的友谊一直持续到现在。"阎焱遇到了 Roger Michiner，人生更快地发生了转折，这是人脉的价值。

当然，我们并不是要你舍弃昔日的旧交，但有一点是肯定的，那就是你要将你的生活圈子不断拓宽，营造好的人脉圈。

每个人一生中，都在不断地从一个圈子走向另一个圈子，在扩大自己人脉圈子的同时也在不断地构建新的圈子。很多事业有成的人，他们都有自己独特的构建人脉圈子的方法，不一而同。但归纳起来，构建自己的人脉圈子不外乎以下几条途径。

一、从身边人寻求帮助

人脉圈子，首先从身边开始积累，亲人、同学、老师、老乡、同事、战友，因为熟悉和了解，这个人脉圈子往往最牢固可靠。他们在你人生不同阶段都可能成为你的“贵人”。比如马云创建阿里巴巴，最初资金就来自自己的亲戚、学生、死党、朋友以及几个曾跟他辗转杭州、北京的老部下。因此，我们需要跟亲人、同学、朋友等处理好关系。

还要记住的一点是，身边的旧圈子绝对不能抛弃，比如，有的人一旦离开了之前的公司，就切断了所有的联系。其实，你离职以后，这些圈子依然存在，而且随着时间的推移，他们很可能会变成你的“引路人”。

二、结交关键和重要人物

不断地认识那些能够改变或帮助你的关键和重要人物，构建有用的人脉资源库。

首先要开放你自己，从各种渠道入手，而不仅局限于经常所接触的圈子。比如学生可争取以志愿者或义工身份参加学校的各种重要活动，如成功人士讲座、校外的会展等；毕业后要争取到一流的大公司，通过职业交际结识更多杰出人士。有一定积蓄和工作经验者，可以多参与有高端人士的会议和论坛。

三、对“陌生人”保持开放的心态

每个人，都渴望获得额外的帮助，特别是在用尽自己的资源事业依然难有进展的情况下。可如果我们对于接触陌生人和外界社会完全是一种排斥而非开放的态度，又怎么可能得到意外收获呢？其实如何让陌生人成为我们的贵人，更多的考验的是一个人交往的能力。当然，喜欢交往，对“陌生人”保持开放心态，并不等于轻易相信陌生人，或者到处滥交朋友。

四、维护好人际关系网

如何把接触的圈子中的人转化为人脉资源？如何将圈子的人脉资源转化为事业资源？最关键的是维护好人际关系网络。在此有几个小建议。

1. 填写记录卡片

与人结交，不要只写下名字，或收好名片，可以用卡片记下他们最感兴趣的方面，虽然不一定有多少细节，但需要的时候，肯定会发挥作用。

2. 保持背后的忠诚

当着朋友的朋友面要诚恳地赞美而不要议论指责。这样你会得到更多信任。

3. 小事会有大影响

在熟人特殊的日子，如生日、婚礼、升职等，送上一条短信或一封电子邮件等；在别人困境的时候，也不要忘记给一句祝福与鼓励。

4. 保持沟通和会面的渠道

多碰面可以增加感情，还可以得到更多有用信息。

第二节　快速“套近乎”的诀窍

谁都想获得良好的人脉，拥有更多的朋友，让自己的圈子更宽，层次更高。但许多时候，往往是机会就在眼前，我们却不知如何与人相识，更

不用说相知、相助。

要学会与人搭关系，这样才能有好人缘。俗话说："酒香也怕巷子深。"自己的好让别人看到，才能有进一步的发展。只有先迈出自己的步伐，才能引起别人的注意，才能和别人进行攀谈。

怎样与人搭"关系"也是一门学问。好人脉机遇不是经常有。热情过度，会让人产生怀疑和误解，甚至给人虚假的印象；倘若不够大胆，在你犹疑或支吾时，机会会转眼溜走。

那么，如何做才能快速与人"套近乎"，快速和人沟通呢？

一、不要太过表现自己

与人交往，一定要注意与人说话的方式方法。不要太强势，也不要耍小聪明。某些彰显"智商"的做法，只会让对方感觉不舒服，还会让对方误以为你很自大。你本意也许只是想与对方交谈，但那样做往往会弄巧成拙。聪明人会适时显露自己的"笨拙"，让对方产生适度的优越感，这样做常常会有意想不到的效果。

比如，当你参加 Party 时，一定不要太过张扬，过于表现自己。这样做，不但与你想在观众中塑造的迷人形象大相径庭，更多时候会让大家觉得你哗众取宠，对你产生反感。年轻人活泼开朗没有错误，但一定要懂得适时地隐藏自己的锋芒，保持单纯憨直的形象，这样更容易让人接受。当然，单纯憨直并不是伪装出来的，而是懂得分寸后的一种诚恳状态。

二、在不同时候找对交谈的话题

如果是求人办事，要懂得"抛砖引玉"的道理。不要上前就大谈工作，这样很容易被拒绝。可以暂时先放下主题，拉拉家常，谈点彼此都感兴趣的话题，或者说说日常的一些琐事。

比如，肯尼迪在紧张的总统竞选演说中，曾带入轻松的话题说："紧接着，我还想告诉各位一句话，我和我的妻子虽然赢得竞争总统席位的选战，可是我们希望能再生个孩子。"类似简洁的生活话题与选民产生共鸣，拉近距离，很容易博得好感。

不过，还要注意，如果有严肃的主题要谈，要视当下情况找话题，不要兜太大圈子，这样会让人摸不着头脑。

三、讲究办公室哲学

如果想要拉近与同事的距离，可在午餐或下班时间，谈谈大家都感兴趣的话题；偶尔与同事说说无关紧要的私事，让你的话给大家带去更多生活气息，这样能增进相互间的亲近感。不过，要注意的是，私事并不等于隐私。假如你随意泄露个人隐私，可能会让居心不良的人抓住把柄，你会受到不必要的伤害。

四、避免夸夸其谈，学会倾听

时时运用耳朵远比只用嘴巴更聪明，更讨人喜欢。与人沟通时，只顾自己絮絮叨叨讲个不停，毫不考虑对方感受，是一种失礼的行为，也会让人觉得你是一个信口开河、喜欢随便议论、缺乏智慧和内涵的人。

与人打交道，谦虚谨慎，能让我们增长知识和才干；学会倾听，广纳群言，会让我们时时保持清醒的头脑，跟上时代前进的步伐。学会做一名好的听众，永远较之天花乱坠的吹嘘好得多。当然，倾听时要注意适时微笑，点头赞同，呆板的表情会给人敷衍了事之感。

其实，套近乎也可以说是在套交情，只要你是诚恳而认真地向别人表达你的意愿，就一定能在处理人际关系时游刃有余，快速争取到友善回应，而良好的人脉关系网就是这样一步步建立起来的。

第三节 你的价值取决于你对圈子的影响力

一个人如何提升在圈子里的价值？问题的答案有很多，但是最根本的还有赖于一个因素：影响力。个人的价值、地位并不仅仅靠金钱、权力就能衡量。你或许也曾注意到：有些人职位很高，身价不菲，但他们却没办法成为圈子里的灵魂人物。相反，有些人看似不起眼，关键时刻，只要一句话就能引起大家的共鸣，如同领袖一般。

具有影响力的人总是能用别人乐于接受的方式，去改变和影响别人的思想和行动。可以说影响力就是一个人靠本身的素质和修养，让人们与之产生共鸣，并乐于遵从。影响力可以说是一种吸引力，一个有影响力的人身边会有很多拥护者，他们可能是他的朋友，也可能与他并没有过多的私交。

人与人之间的较量，更多的是其影响力的较量。在一个圈子里，最有价值的人一般就是影响力最大的那个人。我们经常看到一些人，为了争取地位而想尽办法，他们忘了一点，其实提高影响力才是根本。影响力有了，其他问题都会迎刃而解。

影响力，对一个人的职业发展尤为重要。在一个工作单位，无论是领导还是下属，具有了影响力都能让工作变得轻松顺利。一个有影响力的领导，下属们会更愿意真心接受他对工作的安排；作为下属，则更容易让领导接受自己的建议，同时也能令别的同事折服，成为公司里的“核心”人物。

阿里巴巴创始人马云就是一个颇具影响力的人。这种影响力无论是在如今的电子商务领域，还是最初的创业阶段，都发挥了强大的作用。

我们知道马云最初创业时，他的创业团队成员不是其学生，就是其死党。马云白手起家，既无背景，也无巨资和高学历。但他身边却始终有一群追随者。

1999年3月，马云决定从外经贸部出面成立的中国国际电子商务中心撤出，由北京南归杭州创业。当初和马云一起由杭州来北京的8个伙伴，又一个不少地跟他从北京回到了杭州。在这个金钱至上的商业时代，这是旁人无法理解的。因为另外8人必须要克服的因素在旁人看来几乎是无法克服的。他们必须越过类似新浪、雅虎等知名企业的高薪诱惑、继续在外经贸部干下去的前景诱惑和跟马云回来前途迷茫所带来的恐惧等。

马云正是以强大的精神魅力征服了他们的心。这是个人影响力的最好体现。

影响力没办法强制得来，也不能与能力画等号。过高的能力有时反而会让身边的人产生距离感和危机感，并且还会因此而生嫉妒心。所以能力提高的同时，你还要学会拉近与身边人的距离。能力越高，姿态就要放得越低。这时，就需要一个人具有良好的协调能力和沟通能力，减少阻力，让人口服心也服。

品质和性格对影响力的形成十分关键。无论何时，品质都是衡量一个人好坏的标准，那些具有影响力的人，一般都有令人信服的品质；而好性格是与人交往的润滑剂。正直、公正、自信、执著、坚忍、进取等优秀的品性，无疑是提升影响力和个人魅力的重要因素。不仅如此，一个人的品质还会影响其身边的人，在圈子里以这个人为圆心不断扩散。

一个人想要扩大影响力需要具备很多优秀的品质，但是有时失败，则只要一个缺点就够了。缺点往往是一个人最薄弱的地方，所以发现自己的缺点后，要积极改正，千万不要因小失大。

乐于助人可以为你积累影响力。一个人不管如何努力，都不可能完全搞好和所有人之间的关系，我们不能因为讨好别人就改变自己。但是在别人需要的时候帮助他们，可以为你开启另一扇门。

经典影片《生活真美妙》里的例子可以给我们一点启发。

影星斯图尔德饰演的角色，因事业失败，想要自杀，因为人死后可获得保险费，这样还可以解救家人。最后他被过去在镇上他帮过的上百个人挽救了。因为他太太打了一个电话说“乔治需要帮忙”，他们就来了，带着小额捐款，群集到他家。

每一份帮助都是一份影响力，可以提高你在圈子里的价值。施恩不图报，不要因为要人感恩才去帮忙，要想到他们正在谷底需要援手。

然而，助人终究不会没有回报，总有一天，你会发现帮助别人其实也是在帮助自己。

帮助一个人可以获得信任和支持，伤害一个人却会给对方留下阴影，而且很难消去。有时候，我们会无意伤到别人的自尊，让别人难堪。想要提高自己的影响力，就要时时检讨自己，从别人的角度去看问题，让别人的自尊得到应有的尊重。

如果是团队领导，只有带头去做一件事，才能赢得别人的支持和尊重。比如，你提倡办公室“戒烟”，自己就不可偷偷躲在卫生间吸烟；你提倡高效，自己就不可吊儿郎当地聊天、打游戏消耗时间。一个人想要拥有影响力，就要起到带头作用、以身作则，才会一呼百应。

一个人在圈子里的价值，取决于其影响力有多大。要提升影响力，就要提升自己在别人心里的位置。“得人心者得天下”，做到了这一点，你才会成为圈子里的核心人物。

第四节 亲密也是一种障碍

有这么一则故事：

在森林里，狐狸一直垂涎于刺猬的美味，但是只要一靠近刺猬，它就会将自己卷起来，让狐狸无法下嘴。后来，刺猬遇到了乌鸦，两个人一见如故。有一次，刺猬和乌鸦聊天，乌鸦很羡慕刺猬有这么一副好铠甲，不禁称赞道："刺猬看你多好！有了这么一副盔甲，森林里的动物都拿你没办法。"刺猬听到乌鸦的吹捧，有些飘飘然，于是悄悄对乌鸦说："其实我的铠甲也不是没有弱点。当我全身卷起时，腹部还有一个小眼不能完全卷起，如果朝那个小眼吹气，我受不了痒，就会打开身体。"说完后，刺猬还千叮咛万嘱咐，要乌鸦替自己保密。

后来，乌鸦不小心落到了狐狸的爪下，为了活命，乌鸦便对狐狸说："狐狸大哥，听说你很想尝尝刺猬的美味，如果你放了我，我就告诉你刺猬的死穴。"狐狸放了乌鸦，乌鸦便对狐狸说了刺猬的秘密。结果，刺猬变成了狐狸的晚餐，在临死前，刺猬愤恨地责备乌鸦出卖了自己。

伤害刺猬的真的是乌鸦吗？如果不是刺猬自暴弱点，谁又能伤害到它呢。其实，朋友之间再亲密，也是要有所保留的。真正的朋友并不需要走得太近，有时候，站在一定的距离之外，两个人的友谊反而会更好。

人们常说："知己难求。"朋友对我们至关重要，两个人是因为跨过了心灵上的鸿沟才成为朋友，但是朋友之间还有一条警戒线，一旦跨过，两个人的友谊就会出现危机。每个人都是独立的，即使两个人的人生观、价

值观再接近，也不可能完全相同。当两个人的不同点真实地摆在眼前时就容易发生分歧，每个人都希望对方改变，当要求不能如愿，便开始挑剔、批评、争吵，甚至导致友情破裂。

朋友之间可以患难与共，成为伙伴，但是我们又常常看到，朋友因距离太近，为一些琐碎的小事互相指责。比如，两个好朋友为了能互相照顾、节省房租，一起合租，起初，两个人感情融洽，但时间久了，就会因为打扫卫生、倒垃圾开始发生矛盾，彼此都感觉受到了不公平的对待，于是结束合租，后来甚至不再来往。

其实，不只朋友之间，与任何人相处都要保持适当的距离。正如有人说的那样，人与人之间的关系就像两只过冬的刺猬，离得过远太冷，而且寂寞，靠得太近则相互伤害。所以彼此之间要保持适当的距离，既不能太远，也不能太近，“君子之交淡如水”，往往是最安全的相处方式。

比如，我们在事业上经常会遇到一些合作伙伴，销售员也会每天接触客户。这时谁都愿意扩大自己的人脉网，走得近一些。但这种以利益为起点的关系，更加微妙。

有一个杂志广告业务员大军，他为人诚恳，和客户关系搞得不错。一次他和一个客户谈了一个广告。大军觉得这个客户比较有潜力，而且话语投机，就当朋友看待了。

该客户想做个全年跨版广告，金额估计在10万元以上，两人基本上都谈妥了。

可是二人谈得太投机，天南海北地聊，从下午谈到了傍晚，大军都顾不得拿合同让他填了。客户还热情地邀请他说：“哥们儿，今天谈得太晚了，我请你吃饭！”大军也很爽快，心想，反正谈好了，吃个饭再说也没什么，于是就去了。酒过三巡，两人有些醉意，客户说：“兄弟啊，我这会儿突然又觉得一下子投10多万元做跨版太突然

了一些，你看这样好不好，先改做整版，有了效果再改做跨版！”

大军脑袋一热，心想这么熟还跑得了吗，结果，当晚客户回去后就打电话说，想再考虑一下，这次不做了。第二天，大军肠子都悔青了，直呼喝酒误事！

还有一次，大军面对一个关系不错的老客户，恰逢公司广告费上涨30%，做好了方案他犹豫不决不敢跟客户提：“唉，说实话，我都觉得价格太贵了，这么熟的客户不好开口啊！”结果，一耽误客户被其他公司抢走了。

生活中经常听到有做业务的人这样说：我和我的客户很熟，都达到了称兄道弟的程度了！为什么与他们的成交率总是不高呢？看看大军的例子，也许就有答案了——有时正是“太熟”给事情带来了反面的效果！

我们不排除营销人员与客户、生意合作伙伴之间成为好朋友甚至是生死之交的可能，但是有一个前提，我们必须要清楚：我们针对他们采取的一系列拉近距离的活动，目的其实很直接，那就是签约，或从他那里赚得利润，如果你和他们的距离太近以至于影响了这个目的，那么你所做的事情还有意义吗？

以“君子之交淡如水”的尺度，来处理与同事、合作伙伴、客户等相对带利益色彩的关系再恰当不过。味道可能淡，但是像花香一样，却能淡而持久！比如，与人谈合作的时候，有“淡香”做铺垫，谈判工作好开展一些；打拉锯战的时候利于回旋——咱们关系是不错，但是有原则在此，我也不好破啊！合作成与不成照样无伤大雅。

当然，君子之交不等于冷淡对人，也并非要人放弃交际技巧。“君子距离”是没有固定数字尺寸的，要根据关系远近程度、关系性质、场合、氛围等不同因素来决定。比如好友之间往往要较之同事、主雇关系亲密，在家中聚餐常常比商务会晤要热络，这就需要我们视具体情况做合适的处理。

第五节 必要时刻睁一只眼闭一只眼

古语云："水至清则无鱼，人至察则无徒。"任何人都渴望良好的人际关系，如果沦落到了没有朋友的地步，谁都不会开心，他的生存环境也就会变得艰难。生活中，我们都希望自己拥有一双明察秋毫的慧眼，然而明察秋毫未必是聪明的处世态度。在某些问题上，人要学会睁一只眼闭一只眼，糊涂一些反而更好，因为有时雪亮的眼睛非但对生活、事业无益，还会招致诸多不必要的烦恼。

哈佛大学的鲁宾森教授说："由于自尊心的原因，人们总是爱使用'我的'这个词，譬如我的家、我的孩子、我的房子、我的上帝等。可是人们却不喜欢说我的房子太小、我的孩子不聪明、我的能力太低等反面描述自己的话语，不愿意旁人纠正从我们口中说出的一些常识性错误。人们总是乐意相信以往惯于相信的事，倘若自己认为对的事情被怀疑，人们就会本能地找尽借口来做辩护。"

鲁宾森还说："人们有时会很自然地改变固有的想法，但是如果别人说他错了，他就会很反感，会愈加固执己见。如果有人不同意他的意见，不但反对毫无用处，反倒会使他更加固执地去维护它。其实，那个想法本身倒未必有多好，往往是因为自尊心受到了威胁。"

励志大师戴尔·卡耐基曾讲过这样一段经历。

一次，一位室内设计师为卡耐基的新房安置了一套家具，之后把账单交给他。卡耐基看后大吃一惊，那个费用远远超出了他的预算。

过了两天，有位朋友来他家做客，问了家具的价格，也吃惊地叫道："什么？这实在太高了！戴尔，你被人骗了！"

他说得对不对呢？卡耐基被骗了吗？是的，他的确吃了些亏。可是听到别人说自己判断力有问题，卡耐基立即本能地辩护道："什么价位就有什么样的质量，你看看，这木料可是最高档的！"

几天后，又有一个朋友来看卡耐基，见了那些家具，他大加称赞，还说如果自己能负担得起，也乐意在家里放上这样的家具。这次，卡耐基的反应就不同了，他说："说实话，价钱太高我也负担不起，我现在有些后悔了。"虽然他嘴上这样说，但是当时他心里还是蛮自豪的，为了那些昂贵的家具以及自己的坦率。

成功学大师为了他人的几句评语也会或恼或喜，像我们这样的普通人，遇到此类事情或许反应会更激烈。这足以看出人性共同的弱点。其实，如果你面临类似情况，睁一只眼闭一只眼或许是最好的办法。你可以说不懂行，或只看好的方面，甚至假装没看到，这样也就能避免相应的麻烦。

对于身在职场的人来说，睁一只眼闭一只眼有时是一种必要的明哲保身之法。假如眼里揉不得一粒沙子，特别是对一些无关紧要的细枝末节揪着不放、吹毛求疵，最后往往是自受其累。

一家知名咨询服务公司准备开发一套更全面的有独立知识产权的培训教材。为了能更好地完成项目，主管高薪挖来了业内高手王菲，让她担任负责人，全权来做。

可是王菲的表现却很令人失望。王菲是个理想主义者，凡事追求完美，有时甚至到了吹毛求疵的程度。比如需要一个数据，本来打个电话或在网上查询一下就可以，但她却一定要派人去实地调查。而且这个王菲还缺乏合作精神，心胸也不宽阔，新招的两个策划编辑都被她气跑了，几个老员工也和她处不到一起，工作过程充满火药味。

眼看着项目没有进展，主管心里很着急，私下找她谈过好几次，劝她着眼整体，培训材料嘛，又不是词典，不必要求过高，还让她发扬风格，多与下属协商，做好沟通工作。王菲满口答应，可一遇到实际问题，就把总经理的话抛到脑后，还是照旧行事。主管无奈之下召开了一次全体会议，分析形势，委婉地提出要王菲提高效率，搞好合作。王菲则感觉自己那么辛苦却没得到肯定，很委屈，自尊心受到伤害，当即就起来反驳，言辞激烈，话里话外把公司说成一个粗制滥造没有责任感的企业……

这次冲突让主管很没面子，但考虑到王菲确实是业内少有的人才，主管最终还是决定，先让她暂时停职反省，过几天后再将她请回来，为此主管还专门找了一位很有口才的助理专门和她谈话，但她仍表示受不了如此的“屈辱”，第二天便自动辞职了。

生活中，像王菲这样眼里揉不得沙子，宁为玉碎、不为瓦全的人并不少。她们或许是真的很有才干，某些方面也真的令人敬佩。然而在纷繁现实的世事中，真的有必要每件事都要保持绝对的清醒吗？真的有必要每件事都追求完美，精益求精吗？我们还会看到，有时某些人在某些事情上的失败，不过仅仅是因为看了不该看的事，说了不该说的话……和王菲相比，他们岂不是更冤枉？也许我们真的应该用一种复杂的眼光重新审视眼前现实的生活。

第六节　成全他人的好胜心

以前，有一位酷爱下棋的将军，自认为棋技已经达到了最高水平。一天，他想找朋友来对弈，却没约到一个人。这时，将军家里的一名清客自告奋勇，愿与其切磋棋艺。将军自视甚高，根本没把清客放在眼里，可没想到刚走了几步棋，清客就表现出咄咄逼人的凌厉之势，将军被逼得心神大乱，额头上冒出汗来。看到将军焦急慌乱的神情，清客格外高兴，心想这次可以表现一下了，于是使出撒手锏，一步棋便将对手将死。从来没输过的将军哪里受过这种打击，他怒火中烧，站起来转身就走了。结果没多久，将军便找了个借口将清客扫地出门了。清客本以为赢过将军，崭露才能，便能得到赏识，从此青云直上，没想到却得到了这样的结果。

法国哲学家罗西法古说：“如果你要得到仇人，就表现得比你的朋友优越吧；如果你要得到朋友，就要让你的朋友表现得比你优越。”

为什么这么说呢？其实，人的心理都是一样的。当有人高高在上时，我们需要仰视，必然会有压力感；而当自己在高处或与别人处于同等高度时，俯视或者平视就舒服得多。适当让别人体会优越感，对方心里愉悦了，就乐意跟你结交，自己的事也就容易办成；但如果事事拔尖，给人压力感的同时，甚至会带来嫉恨，为生活或事业增加不必要的阻力。

生活中，我们经常会见到这种人：他们自觉不自觉地处处炫耀自己，毫不顾及旁人的脸色和心情。尽管他们未必在想着把所有人都击败，但身边的朋友却越来越少，而如果他们懂得适时把光环让与旁人，人际关系就会融洽得多。

纽约市中区人事局最得人缘的工作介绍顾问是露丝，但过去的情形却与此相反。在她初到人事局的一两个月中，露丝连一个朋友都没有。为什么呢？这恐怕要“得益”于她每天的表现：在同事面前，她总是使劲吹嘘自己在工作介绍方面的成绩、新开的存款户头，甚至生活中的每一件事。

“我做得难道不好吗，我对自己的工作深感骄傲，”露丝对激励大师拿破仑·希尔说，“可我的同事不但不分享我的成绩，还表情怪怪地走开。我渴望他们能喜欢我，我真的希望与他们成为朋友。”“那你可以尝试一下，不要再谈你的成绩，即使你的业绩再好，也不要随便说出来。”在听了拿破仑·希尔提出的一些建议后，露丝和同事在一起时，开始少谈自己而多听他们说。几个月后，露丝高兴地对拿破仑·希尔说：“我发现，他们也有很多事情要吹嘘，把他们的成就讲给我，比听我吹嘘更让他们心满意足。现在当我们有时间在一起闲聊时，我就请他们把他们的欢乐告诉我，好让我分享，而只在他们问起时我才轻描淡写地说一下我自己的成就。”

每个人都有自尊心、好胜心，若要使双方保持良好的感觉，就应该学会维护对方的自尊，抑制自我的好胜心，成全对方的好胜心。我们大多都有怕“出丑”的心理，其实，有些时候在无关原则的问题上，暴露一些小失误、小尴尬，不仅不会影响别人对你的印象，反而会增加别人对你的亲切感，减少对你的防备心。要在不自觉中给对方输入“我们都是一样的”信息，这样才能让对方慢慢对你敞开心扉。

事实上，一个人的能力是有限的，生活中没有全能冠军，成功者不会在不必要的地方逞强争胜。

美国钢铁大王安德鲁·卡内基，白手起家，既无资本，又无钢铁专业知识和技术，却成为举世闻名的钢铁巨子，这让很多人非常不解。有一次，一位记者在见到他的时候，羡慕地问道：“您的钢铁事业成就是公认的，您一定是世界上最伟大的炼钢专家吧！”

卡内基哈哈大笑地回答：“记者先生，您错了，炼钢学识比我强的，在我们公司就有两百多位呢！”

“那为什么您是钢铁大王？您有什么特殊的本领？”记者诧异地问道。

卡内基回答说：“因为我知道如何鼓励他们，使他们能发挥所长为公司效力。”

在卡内基的钢铁公司里，有很多员工具备超人的技术和能力，卡内基也曾因钢铁厂的产量上不去，而果断地用百万年薪聘请了查理·斯瓦伯作为钢铁厂的总裁。凭着斯瓦伯专业的管理才能，工厂的生产情况迅速得到改善，卡内基才逐步走上钢铁大王的宝座。

卡内基是十分聪明的，如果他自命是最伟大的炼钢专家，那些水平与其不相上下的专家未必愿意俯身为其效力，斯瓦伯这样的管理专家也未必被看重使用。

可见，成功者未必要各方面都争得第一，关键在于让一流的人物能为自己效力。一个人真正的胜利是赢得了最多的助力，赢得了格局的胜利，而不是一次两次的胜利。

当然，不随便争第一，并不代表一味退让，不表现自己的真实本领，假如是重大的或重要的是非问题，自然应当不失原则地论个究竟，但在鸡毛蒜皮的小事中就不必耗费精力了。

第七节　主动起来，一切都会主动

王林和张旭年龄一样大，同在一家百货公司做事。最初他们拿同样的薪水，可张旭很快就加薪升职了，而王林仍在原地踏步。

“我向来都是一碗水端平，这并不能怪我。张旭这小伙子实在是让人喜欢。我觉得换成任何人都会给他加薪升职，这是他应该得到的。”老板说，“我派他们到市场转转有什么卖的，因为公司库存不多了。王林回来跟我说只有一个农民在卖红薯。我问有多少，他不太清楚，就又跑回市场问，回来后我问价钱是多少，他又只好再次跑到市场问价格。”

说到张旭，老板脸上立刻换上欣慰的表情，好像在讲述自己的儿子一般：“他很快从市场上回来，汇报说目前只有一个卖红薯的农民，共有40袋，价格比较合理。他还带了几个红薯样品。更想不到的是，他从农民那儿了解到黄瓜当前销量很好，并把那个农民也带过来了，并带了黄瓜样品让我看质量。慢慢地我就放心地让张旭担任了更重要的职位。而王林，我实在找不到理由给他提薪，哪怕是一百元……”

成功者最重要的素养之一就是能主动做事。所谓的主动做事，就是不用别人告诉，他们就能自觉行动，出色地做好一件事。对于工作，他们能主动完成。在日常工作中，即使他们没有被正式告知要对某事负责，也会努力去做好。当他们表现出胜任某种工作，那么他们会越来越被器重，报酬也会一天天增长。

许多人天天为该如何多赚一些钱而忧心，其实，你首先应试着把手头的工作做得更好。知道什么事该做，就要立刻采取行动——动手做！不必等着别人的督促与交代。

我们多数人都在职场中打拼，不可避免地在为公司和老板做事。老板和公司最需要的就是拥有主动做事精神的员工，我们要学会用积极的心态面对具体的工作。

一、主动报告你的工作进度

上司的心中常有这样的疑虑：下属每天好像都很忙，但又不知道他们在忙些什么，又不好经常去问。因此，作为下属要及时主动报告自己的工作进度，这样不但能让上司放下心来，继而对你产生好感，还会避免将工作过程中的问题堆积到最后。

二、对自己的工作主动提出改善意见

谁敢说自己的工作流程都很完善呢？事实上，任何一个工作流程都不是十全十美的，都有改善的可能。从现在开始积极对待这一问题！每过一段时间，你应该想一下，工作流程有没有改善的可能？如果有，你才是你所做的工作的专才，而你的老板不是，却由他提出了改善计划，而不是你主动来想办法，你应该感到羞愧。其实，经常的情况是，大家都无所谓，安于现状，不对工作流程进行改善。而如果你主动做到了，你就不同于他人，公司也会更看重你。

三、了解公司的处境，主动帮助解决问题

公司有时境况会不太好，或出现亟待解决的困难。此时，千万不要持幸灾乐祸或冷眼旁观的态度，这会令你的领导极为寒心。你要学会主动帮上司总结教训，多加劝慰；主动想办法解决问题，与公司共同努力，走出困境。这样做你定会得到上司的信任，以后上司也会对你另眼相看。

不仅在工作上，对于人际关系，我们也该学会自觉审视，主动梳理。

被动的人往往总在等待别人的主动。比如，同不太熟悉的同事，走路碰面也不愿先开口打招呼，甚至避开，你可能会这样想：“你都不跟我打招呼，我为什么要先跟你说话？”

比如，在楼门口遇上了邻居一家，男女老幼，全体出动，是去附近的餐厅聚餐。看到他们愉快和谐的样子，你很想跟他们说几句祝福的话，可是你想到他们平时并没跟自己家表达过什么善意，又觉得此时人家也许并不会在乎你的友好，于是你只是侧身让他们一家走过，若无其事地轻轻咳嗽了几声……

出现这种情况，往往是我们心存疑虑，有时是怕失面子，有时是怕得不到友好的回应，有时可能是怕旁人议论，等等。其实，只要我们心头涌现了并非出自功利目的、充满善意的话语时，又有什么好犹豫的呢？

如果你实在不想口头表达，可以用微笑、点头、发邮件、短信的方式表示。主动把心灵敞开，即使遇上了“狗咬吕洞宾”、“好心换了个驴肝

肺”的情形，你也并无损失。而且这种情况毕竟还是很少的，更多时候你的主动友好会换来他人的意外喜悦，你也许会因此有许多意想不到的收获。

第八节　经营好自己的职场圈子

经营好你的职场圈，对于你的将来非常重要。那么，什么是职场圈呢？它包括同事圈、上司圈、下属圈和客户圈，面对不同的人，经营方法也不一样。

一、经营同事圈，要保持彼此的尊重

赢取人心对事业发展有很大帮助，一个公司的制度无论有多完善，也需要各同事之间的配合。同事每天朝夕相处，良好的工作氛围可让人更安心专注地投入工作；同事间和睦融洽，上下一心，可直接推动工作的进展。怎样与同事相处？要把握以下几点。

1. 合作和分享

多听取和接受别人的意见，学会与别人分享看法，这样可以让你获得众人的接纳和支持。

2. 学会微笑

不管是做保洁的阿姨、新入职人员还是经理老板，碰面时能给以温暖友善的笑容，必能赢取别人的好感。如果年长的同事把你当孩子看待，年轻的视你为大姐，拥有这样亲和的人事关系，你工作起来一定更加顺利。

3. 善解人意

下雨同事没带伞你等他一起走，你顺道给他买了他工作需要的参考资料，等等，这些都是举手之劳，何乐而不为？以善良的心对待别人，在公司你永远不会陷于孤立无援之境。

4. 有自己的原则而不固执

诚恳待人，虚伪的人早晚会被识破。处事要灵活，还要有原则。不可固执，懂得在适当时采纳别人的意见；不可万事躬迎，这样会给人懦弱、无主见、能力不足之感。

5. 不可太严厉，也不可过于随意

尽管有时你态度严厉只是为把工作做好，但在别人看来那却是刻薄的表现。平日跟同事连招呼也不愿意打，只是在共同完成任务、开会或交代工作时才接触，这样的人又怎会拥有好人缘？不过，同事关系毕竟是微妙的，也不能认为相互很熟悉就可以随随便便，不拘小节，失去恭敬。

6. 勿阿谀奉承

只懂奉迎上司一定会犯“众恶”。完全不把同事放在眼里，苛待同事下属，无疑是在四处树敌。

7. 不搞小圈子

同每一位同事保持友好关系，但也要保持适当距离。尽可能跟不同的人打交道，不要被卷入帮派小圈子，这样会缩窄你的人际网络；避免卷入办公室政治或斗争，不搬弄是非，这样自能获取别人的信任。

二、经营上司圈，要学会了解上司的特点

即使你再热爱你的那份工作，倘若不能与上司愉快共事，恐怕美梦也要变噩梦。怎样与上司相处呢？这需要根据上司的个人特点来行事。

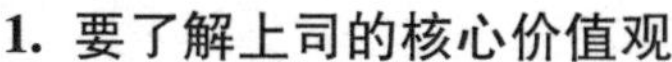

1. 要了解上司的核心价值观

核心价值观往往不太能妥协、不易改变，最容易引爆人的情绪。例如有的上司在意守时，有人迟到，他就会气愤难当；有的上司注重效率，因此一旦你支支吾吾，他就可能动怒。此外，有的上司重勤俭，有人重诚实，等等。

要多注意同事特别是老员工说的有关方面的信息，培养敏锐的观察力，并据此来调整自己的工作态度予以配合。

2. 要洞察上司的情绪反应

每个人都有固定的情绪处理模式，每次发作时的过程也都差不多。比如，你的老板习惯熬夜，所以早上大脑往往不够灵光，如果这时去跟他讨论难啃的工作，就容易惹来一顿臭骂，其实你可以熬一下，午餐过后他心情好了，再去敲门。

因此，要在与上司的接触中不断体会：什么事会让他高兴？什么事会惹他生气？什么事又会对他产生压力？当他出现异常的情绪时，他通常的处理模式为何？

一旦掌握上司的情绪反应后，下次你就会知道该怎样避开台风尾，并采取更好的沟通方式，以免让对方的情绪雪上加霜。

3. 要掌握上司的沟通模式

每个人最习惯的沟通方式各有不同，要不断掌握与上司沟通的最佳管道，以防有沟无通。沟通模式大致可以分成三类。

（1）视觉型：此类型说话者语速快，常用视觉词汇，例如“看不出来……”等。他们更愿意阅读书面数据，跟此类型的上司沟通工作时，口头沟通效果往往不明显，最好带上一份书面报告。此外，也要学着加快你的语速来配合对方。

（2）听觉型：此类人说话语速适中，温和有条理，喜欢用“听起来”等字眼，例如“这个建议听起来不错”等，与这样的上司沟通，要学会用简明扼要、条理清晰的口头表达方式，效果会不错。

(3) 感觉型：此类人说话语速慢，喜欢用“感觉”等字眼。同感觉型的上司沟通，要懂得营造情绪气氛，要注意察言观色。话慢慢说，感觉对味了，事情就会轻松搞定。

如果你不太有把握上司是哪一类型，不妨直接开口问：请问您比较希望我做口头报告，还是书面报告呢?

此外，上司的兴趣爱好、对自己的工作期望等，你也要多加了解。能掌握住以上几项重点，与上司相处起来一定会愉快很多!

三、经营下属圈，要以诚相待

上司对待下属，要做到以心换心。最受下属欢迎的上司是能理解他们、关心他们、帮助他们的上司，这样的上司会得到下属的爱戴。公司上下一心，才能形成强大的凝聚力。

上司如果从心底里尊重下属，看重下属，下属自然会心悦诚服，卖力工作。

有一家企业新开业。一天，各部门接到电话，下班之后在贵宾厅召开员工大会。有些人感到很纳闷，为什么放着会议室不去，而是去贵宾厅开会?

当全厂员工陆陆续续地走进贵宾厅时，眼前的一切使他们感到意外，只见每张桌子上都摆满了水果、饮料。一名60岁的老警卫看到后，以为走错了地方，正要离开时正好碰上了老板。老板见他要走，毕恭毕敬地把他请了回来。

老板走上讲台，恭恭敬敬地向大家行礼，说：“今天，把大伙召集起来，同大家开一个聊天会。大家可以畅所欲言。提问题，讲困难，说工厂的、家里的事都可以。”

员工们见老板如此诚恳，便积极发言，为工厂建设出谋划策。

老警卫激动地说："我这一辈子还是第一次开这样的会，很激动人心啊，老板看得起我们，我们一定要看好这个家。"

此后，全厂上下一条心，大家都把工厂当自己的家一样，做起事来卖力负责。这就是以心换心的结果。

当然，在日常相处时也有具体的规则需要注意：

• 一碗水端平。领导者要把持公平、公正。

• 放下你的架子，设法减少与下属之间的这种无形的隔膜。

• 体谅就是融入。能体谅下属，融入下属圈子中，并乐意帮助下属解决一些较烦琐、较困难的工作。

• 巧用批评与赞美。不吝惜赞美，赞美是对激情的一种鼓励。批评要是善意的，要有针对性，要有的放矢，不能凭印象行事。

• 恩威并用。和下属之间不要太过随意，要保持一定的威严，指令才可以严格执行。

• 不能放弃沟通这个武器，让问题在平和的气氛中得以顺利解决。

四、经营客户圈，除了谈生意外，还要会用"心"

与客户打交道，不要只谈买卖，对客户要理解、体贴，让买卖这个商业过程充满"人情味"，使客户产生一种亲切感，在物质需求得到满足的同时，精神上也得到愉悦。

美国有位叫玛丽·凯的女士，曾叙述她买轿车的经历和感受。她想买一辆白色轿车，就去汽车店挑选。在第一家店里，她很高兴地说：今天是她的生日，她想要买辆车来庆祝一下。可是推销员没有把她这句话当回事，她感觉被忽视了，转身就走了。

进到第二家汽车店，推销员对她十分热情，向她详细地介绍各种型号汽车的性能与价格。玛丽·凯又提起今天是她的生日，这位推销员请她稍候一会儿，15分钟后，一位秘书拿来一束鲜花，这位推销员双手将鲜花送到她手里，并诚恳地祝她生日快乐。当时，玛丽·凯感动万分，觉得那束鲜花的价值简直超过了百万美元！于是，她很开心地购买了那位推销员向她推荐的一辆黄色轿车，而放弃了购买白色轿车的打算。这位推销员就是后来被吉尼斯世界纪录称为“世界上最伟大的推销员”的美国汽车销售大王——乔·吉拉德。

一束鲜花成了沟通买卖双方心灵的桥梁，使商店里充满了友善和温馨的气息。更有趣的是，从此只要有朋友想买车子，玛丽·凯都会推荐他们到这里来买，多少年后当乔·吉拉德整理他的客户记录时，发现有不少客户的源头在玛丽·凯女士那里。

我们应该用心对待每一位客户。乔·吉拉德曾提出著名的250定律。他认为在每位顾客的背后，都大约站着250个人，这是与他关系比较亲近的人：同事、邻居、亲戚、朋友。如果一个推销员在年初的一个星期里见到50个人，其中只要有两个顾客对他的态度感到不愉快，到了年底，由于连锁影响就可能有5000个人不愿意和这个推销员打交道，他们都会口耳相传一件事：不要跟这位推销员做生意。而如果你赢得了一位顾客的好感，就意味着赢得了250个人的好感。

人与人之间的联络是以一种几何级数来扩张的。每一位客户背后都有许多亲朋好友，而这些亲朋好友又有一定数目的亲友，用心对待每一位客户，对于客户群体的扩展具有很大意义。

以上列举的几种是最常见的职场圈子，当然还有其他关系的圈子，这里就不再赘述。

职场圈从来都错综复杂，建立以自己为中心的职业圈，不同圈子之间可能相互独立，也可能相互联系。游刃有余地适应各种圈子的游戏规则和人际关系，那么圈子带来的是工作内的高效和工作之外的愉悦。

第九节　组建你的亲友圈

人际交往的实质是什么？可以说就是利益交换——当然，还可以叫做双赢，这和人要吃饭、鸡要啄米一样简单。中国人大多崇尚“君子之交淡如水”，往往很多人都忌讳将利益和朋友联系起来，以为如果承认了利益是友谊的前提，就会被贴上“势利”的标签。

我们不得不承认，大部分朋友都是在谋取共同利益的过程中结交的，利益越一致，关系越深厚。尽管人与人之间有各种矛盾，但利益的凝聚力会使双方去磨合、修复，自动寻求平衡。

一个人要交些什么样的朋友呢？不妨这样告诉你，三教九流的朋友都可以交，只要不违反大的原则。谈得来，交得上，就好像十八般兵器，到时候不定就用上了哪般。

胡雪岩喜欢交朋友，官场上的、商场上的、洋场上的，黑白两道上，三教九流中，无所不交，无处不友。在他的朋友中有个叫刘不才的。在别人眼里，此人绝对是一个不可救药的败家子，嗜赌如命，家传的一个规模不错的药店被他输得精光。但胡雪岩看到的却是他的另一面：第一，他赌得再狠，手上的几张祖传秘方却绝不会当赌注押上，这说明他心里存着振兴家业的念头；第二，虽然吃喝嫖赌样样都来，但是绝不抽大烟，这说明他还没有堕落到自暴自弃的地步。就凭着这两点，胡雪岩不但看出刘不才有本事，还觉得他有志气：“人虽然烂污，只要不抽鸦片，就不是不可救药”，“他会玩便是用得着的地方。”于是，胡雪岩让他充当了一名特殊的“清客”，专门培养他，用来和达官阔少打交道。刘不才后来果然不负众望，成长为胡雪岩手下一名得力干将。

人与人的价值取向、生活方式、性格爱好可能不同，但这并不妨碍他们建立朋友关系。好的朋友犹如资本金，对我们来说是多多益善。

一、如何交朋友

第一，要真心，虚情假意交来的只能是同样性质的友谊。

第二，要有时间去“泡”。我们不妨引用时下流行语：“工作是干出来的，钞票是挣出来的，友谊是泡出来的。”有了意向相对一致的圈子，经常发起或组织在圈子里的各种社会活动，然后，朋友又会带来朋友，彼此那么一“泡”，又会结识更多的朋友。

第三，要大度，懂得付出。“海纳百川，有容乃大”，没有足够的气量和胸怀，交不到知心朋友。圈子的建设，组织各类活动，都需要有人奉献精力、时间、金钱，那些凡事不出力，喜欢吃现成饭的人很难获得圈子里大多数人的尊重。只有你懂得奉献，具备容人之量，才能使朋友由衷地尊敬和拥护你。

二、牢固有效的三大人际关系圈子

1. 走活你的亲戚圈子

许多圈子是慢慢建立的，但亲属圈却几乎是与生俱来的，一降生就意味着加入了这个圈子。

亲属圈这个以血缘关系为纽带的圈子，因其自然属性而具有相对的牢固性。在过去十分注重宗族关系的年代里，一个人的崛起往往伴随着的是一个家族的随之崛起。比如，曾国藩得势，曾家也因此成为了权倾一时的名门望族。

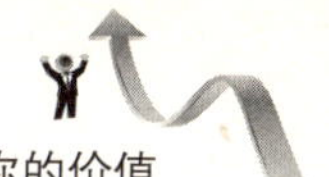

当然，还有一些人并没有得力的亲属关系，但他们却懂得攀亲。比如，东来顺的创始人丁德山原是一介平民，毫无政治背景，但他却十分乖巧，懂得利用官僚的权势来达到目的。他认了宫中一个有权势的魏姓太监做干爹，因此能在北京东安市场后占一块空地搭棚做生意，也因为有了这一把保护伞，说话办事硬气了，生意越做越大。

其实，即使在宗族观念逐渐淡化的今天，裙带关系网仍然在政治或商业关系中占据一角。利用亲属圈子去做一些违法乱纪之事，当然是应以为耻的，但如果能在法律、道德允许的范围内，让亲属圈子为你的发展提供助力，这也是无可厚非的。不过，这也有一个前提，就是亲戚再亲也得走动，互相疏远得罪的后果往往比之陌生人还要陌生。

2. 重视你的同学圈子

同学是一种重要的资源，研究成功者的案例，我们不难发现几乎每个成功者身后都可以清楚地看到其同学的身影，有的是少年时代的，有的是大学时代的，还有各种成人班如进修班、研修班的同学。

从经济学角度看，只要能给人带来效用的都是人生的财富。金钱能给人带来效用，但还有许多东西，譬如爱情、友情、亲情都能带来效用，有时甚至高于金钱的效用。而同学之情，因为纯真，因为曾经倾注的激情，因为是理想种子最初萌芽的见证，因为曾在共同的激励中共同成长，所以显得格外珍贵。

同学是具有共同知识、共同文化、共同背景的一群人；在这个相互竞争的世界，这是一种稀缺的、难得的人际网络，因此也最有可能成为同舟共济的命运共同体，成为事业上互相帮助的加油站。

今天的“同学会”、“校友会”盛极一时，可以说这是源于商业时代合作博弈的强大需求。例如，某位同学有困难，同学都伸手支援，但送物送钱未必是最好的帮助，递个信息，介绍个关系，给个机会，也许更为实惠。

现在我们可以看到林林总总的商学院，从北大光华管理学院到哈佛商学院。在看重商学院教学实力、功课实用性、文凭号召力的同时，也许其中遍布的商界关系网，比其他更让人感到惊喜吧。

同学圈子这个无形资产具有巨大的效用，这个圈子的力量是不可小觑的。

3. 组建你的同乡圈子

当今社会人口流动性很大，很多人都离开家乡，去异地谋生或求学。刚进入一个陌生环境，拓展人脉网络有些难度，这时就不妨从同乡关系入手，打开局面。

中国人有着强烈的乡土观念，其表现之一就是对同乡人有一种天生的热情，尤其是在异地之时，这种同乡感情就越发强烈。

大学里经常见到某地学生组织有同乡会性质的“联谊会”，有人觉得这些人落后狭隘，后来发现有些教师也参与其中，更觉不可思议。但后来事实证明，他们那“抱成团”的宗旨确实给大多数同乡带来“实惠”，解决了不少难题。再后来，这种同乡会性质的团体几乎到处可见。它的形式虽是松散的，但“亲不亲，故乡人”，这种同乡观念有一定的凝聚力，它要求成员在“对外”上保持一致性，对内互相提携，互相帮助，抵御困难和外来的威胁。

中国历史上最成功的两大商帮——晋商和徽商，不管走到哪儿，都是老乡成群结伙。在很长一段时间内，中国几乎所有商业繁盛之地，其最惹眼、最气派的建筑不是徽商会馆，就是晋商会馆。会馆者，老乡交游约会之馆也。正是同乡间互为犄角，互相支援，才成就了晋商与徽商历史上的辉煌。

如今，一个人要外出创业，老乡众多仍然是最有利的条件之一，近年来各地同乡会风起云涌的原因也正在于此吧。善加利用这一圈子，对你的生活和事业一定会有所助益。

第四章

不要让你的心蒙上“灰尘”

第一节 工作也是一种享受

一个奔波在公司与家之间的成年人，每天至少有 1/3 的时间是处于工作中的。如果按几十年职业生涯计算，那么我们一生用于工作的时间将是一个相当可观的数字。

其实，自迈入工作岗位的一刻起，一个新的储存光阴的过程便开始了。倘若我们每个人都认真踏实地度过每一分每一秒的工作时间，不管你从事何种职业，目前的岗位如何低，最终都不难达到金字塔的上层。

可惜，上帝给了人类思想，在理想和现实的穿梭中人们很容易迷失自我，一看到前行的路上有荆棘、泥泞就自以为聪明地另寻他途，跳来跳去，最后渐渐连原有的理想也变得模糊不清。

斧子在砍树时方可见证刀刃的锋利。马克思、列宁、毛泽东之所以能令万人景仰，是因为他们使社会主义摘掉了“空想”的帽子。实干才能过上好的生活。

在工作时，你的知识、经验好比手中的斧子，手头的工作如同那棵树。树无论大小，都有主干和旁枝，埋头狠劈一通，斧子钝了，身体累了，得到的没准只是一堆柴火。如何既让斧子体现其锋利，又能使树木派上最大的用场，就得看我们的本事。

不要抱怨工作太烦琐，不要为职位太低烦闷，重要的是看你如何去做，只有思考如何去“做”才有经验的积累。

当然，“做”的过程不是坦途一条。就如穿针引线之类的小事也会费番周折，何况你每日 8 小时要应付的事务呢？一个岗位的名称可能不会变，但这一岗位需完成的事可不是固定的。随着知识的更新、时代与环境的改变，新情况、新问题也不断出现。是投注全部精力、智力去应对呢，还是巧妙逃避，另做他事呢？生活告诉我们：一味逃避只会降低你的口碑信誉，能力得不到提高。

那些白手起家然后在商界或政界成就大业的人让我们钦佩，可是不要忽略他们光鲜身影背后付出的努力，那可能是几倍甚至几十倍于常人的，更要看到他们具有的那颗处变不惊、执著、坚忍的心。当一个人解开大大小小的难题后自然增添了成就大事的条件。

我们没有理由成为不工作的寄生虫，那么，何不珍惜每天的工作时间，让工作成为一种享受呢？

现在许多年轻人常常把工作不当回事。如果给他们多安排一些工作任务，他们就觉得自己在这个公司没法待了；如果有紧急工作需要加班，他们总会找各种借口推辞。无论在什么单位，以这种态度对待工作，他们心中都会积满抱怨，是不会体会到工作的快乐的。

蒙牛老总牛根生曾参加一个企业老总的沙龙，听两个老板谈起跟随多年的秘书，其中一个说："她的脸上跑出皱纹了，反应较以前差多了，天天丢三落四，我考虑要把她换掉。"

另一个却说："我的秘书最近也常出错，不过，看到她脸上的皱纹，就觉得又好气又心疼。"

牛根生觉得第二个人的话很奇怪，追问道："心疼什么？"他说："想想她从二十几岁就在我身边工作，辛辛苦苦地磨了十几年，转眼都要40 岁了，体力精神头可能差了些，可每天还勤勤恳恳，我在想着给她安排一个轻松点儿的高层工作。"

因为经常有商业往来，这两个朋友的秘书，牛根生都认识，她们年龄相近、能力差不多，为什么第一位老总的态度却大不一样呢？询问之下，原来，他的秘书不知为什么最近总是烦躁，没有耐心，做事打折扣不说，还好几次听到她抱怨。炒掉她可能是气话，这位老总至少决定给她一个小小的教训，让她自己在工作时把心里的厌烦驱除掉。

每个人都在工作，如果你处于被动状态，将会发现每天有一大堆的工作等着你，你总有做不完的事。这时，工作中也就剩下艰辛和烦闷了。

从表面上看，我们在为老板工作，如果从另一个角度看，为老板干也等于在为自己干。

珍惜你的工作，在为公司创造价值的同时，你会接受良好的训练，培养优异品质，积累很多经验，从中获得成长的机会，实现自我价值。同时，你会赢得他人的尊重，进而产生自豪感，有一天你自己也会从心底由衷地赞叹自己“原来我可以做得这样好”！全身心地投入，你会享受到工作带来的乐趣。

一个人选择了一份工作，就等于选定了一个方向、一个目标。工作决不仅仅是为了解决温饱，从选定职业的那一刻起，其实你就将一份希望寄托到了一个追求之中。也许你是要通过努力地工作去追求财富，也许你更看重工作带给你的成就感，也许你是要用工作来丰富人生阅历，当随着你忙忙碌碌的工作，你的目标越来越近时，你也就会越发感受到工作的快乐。

不管你现在的薪水是高还是低，全心全意地做好本职工作吧，这样你才会有愉快心情，明天的你也才会快乐。

第二节 让烦恼随自我中心主义一同消失

有一个男孩子爱上了他的大学老师，他多次向老师表白，都被老

师婉言拒绝。老师态度很明确，他们只能是师生，不可能建立恋爱关系。

男孩子向来以自我为中心，根本听不进去，他以为自己的选择是极为正确的，老师没有理由拒绝他，并顽固地认为我爱你是我的权利，我没有错，应该得到回报。

尽管老师多次拒绝，男孩子仍然十分执著，下跪、写血书，甚至割腕来表达他的爱情。老师被缠得心绪不宁，对于他的种种做法甚至感到恐惧，教学也受到影响。后来学校出面调停，告诉他再纠缠老师就按学校纪律处理，甚至要他停学冷静一段时间。而老师怕对他的心灵造成负面影响，就悄悄地调走了。男孩子这之后才从自我的情绪中渐渐走出。

在人际交往中，有一种自我中心主义者。这类人有一种强烈的潜意识，把个人意志放于一切之上，自觉不自觉中都要求别人遵从于他。于是他们常常强人所难，赶鸭子上架，而从不考虑他人感受。这类人无视客观条件，一味主观臆断，在与人交往中，自我中心主义者常存在一种狭隘、偏执的不良心态。

一、自我中心主义形成的原因

1. 自恋心理

自我中心主义者往往在某方面具有过人之处，如具有艺术、军事才能，或者是个发明奇才，或者是个神童，因为过人的禀赋，所以自我感觉很完美，喜欢处处关注自己。

美国心理学家埃里希·弗洛姆把人的自恋分为良性自恋和恶性自恋，自我中心主义者被归为恶性自恋一类。

2. 优越感

自我中心主义者或是有地位有金钱，或是长相出众、有一技之长，而

使他自觉处处高于其他人。

3. 家庭教养

从小家庭溺爱，在养育过程中，将其视为家庭的中心，家里其他人都围着他转。现在不少孩子，都喜欢以自我为中心，正是家庭教育的结果。

二、自我为中心在生活中的表现

每个人都有自我意识，但如果发展成凡事以自我为中心，这种意识就会成为体谅、理解别人的障碍。自我中心主义不仅不利于自己的身心，同时还会伤害到他人，损害他人利益。倘若在任何场合，都只考虑自己，忽略别人，就不可能与他人建立一种良好的关系。

自我中心主义者在生活中并不少见，他们在各种关系的人际交往中都是不受欢迎的。

- 父母对孩子。每个父母都是爱孩子的，但一些父母的爱时常表现为以自我为中心。孩子小的时候从自己的想法出发，干涉他们的学习、爱好；长大后对他们的工作、恋爱、婚姻处处想插手。
- 上司与下属。上司习惯下达任务，不考虑下属的意见和工作时的困难。
- 朋友之间。对朋友的兴趣爱好、生活方式等私人问题多加干涉；张口就求人，很少体谅别人难处。
- 合作者之间。过于考虑自己，不懂得让利于人。

三、自我中心主义者需要改变自己

1. 要正视社会现实

社会上的每个人都有其各自的欲望与需求，也都有其权利与义务，这就难免会出现矛盾，不可能人人如愿。这就要求人人正视客观现实，学会礼尚往来，在必要时做出点让步。当然，应该承认自我的权利与欲望的满足，但也不能忽视他人。如果人人心目中都只有自我，那么，事实上人人都不会有好日子过。

2. 站在他人立场上想一想

凡事以自我为中心通常是自私心理在作怪，要想到，强迫别人按照自己的意愿做事，一般都不会如其所愿。所以为避免最后的尴尬，还是多站在别人立场考虑一下。

3. 加强知识修养

不断提升自己的知识、技能、素质修养水平，当你各方面逐渐成熟，你会发现原先的自以为是、独断专行的做法是多么的可笑。

4. 不断反思自己

做事以自我为中心常常会与他人产生矛盾，每当人际关系出现问题时，要先冷处理，并查看自己是怎么做的，及时改正蛮横、霸道或一意孤行的做法。

第三节　放下清高，接上生活的“地气”

亭亭毕业后做了一名教师。由于是寄宿学校，教师都在学校住宿。大家朝夕见面，开始与同事相处得还不错。休息时，老师们有时会打打扑克，或者去歌厅唱唱歌。亭亭心想：老师为人师表，为什么做这些没有意义的事呢？太俗气了。每当被邀请时，亭亭都昂起头，笑笑，不屑于加入他们的活动。有一位学生家长因为孩子成绩提高了，出差带了一些新疆土特产送老师每人一些尝尝，以表谢意，亭亭不识时务地拒绝了。

没多久亭亭发现，同事们不愿意理她了。只要她过来，大家就停止谈话，偶尔也听到大家对她指指点点，说她太过清高了。

我们常见到这样一些人，他们天生清高，凡事有个人的一套行为标准，有自己的做人原则。当别人的举动不在其原则之内，不合乎他的标准，他就开始鄙视、疏远他人。

“清高”二字拆开来看，“清”意为无色，洁净；“高”往往又与高处不胜寒相联系。那些自认为洁净的人时常被孤立。

清高的人常常独来独往，其实并非他们自己喜欢这样，而是他们认为难以苟同于周围的世俗，无法与之同乐，这样就免不了被他人疏远。

古语云：“木秀于林，风必摧之。”从心理学角度来看，任何的群体都有维持一致性的趋向。对于与群体保持一致的成员，群体的反应是喜欢、接受、优待。而一旦有人偏离，群体则会厌恶、拒绝和制裁。所以，偏离于所处的群体有很大的冒险性。

很多人常常为同伴的疏远感到困惑。自己不过是坚持了自己的原则，为什么就受到他人的排斥？其实，问题常常出在你所谓的“原则”上，你所坚持的原则常常并非真正的原则，而是你个人的偏好甚至乖僻；或者你把一些无足轻重的琐事也当做原则问题来处理，如此你的格格不入也就很自然了。

“水至清则无鱼，人至察则无徒”。做人、看问题都不要太严苛，否则，就容易使大家因害怕而不愿意与你打交道。

常常听到这样的话：“我不喜欢和他们一起出门，他们太爱招摇了!”“我不愿意和他们共事，他们都太俗了!”当有人劝他别太清高时，他会说：“那可不是我的性格，我的理想可不是靠这个去实现的。”

我们也常常看到一些刚参加工作的年轻人，刚从校园转到一个新的环境，对这个不喜欢，对那个也看不顺眼：认为老板铜臭味，认为同事太势利，不满意公司制度，对一些潜规则更是不屑一顾。这些人自认为有个性，感觉自己超凡脱俗，对人情世故看不惯，甚至鄙视排斥。倘若这种不满的情绪时常表露出来，肯定对人际交往非常不利。

如果一个人想融入某个圈子，就不要太挑剔圈子成员的某些共同的、在你看来是缺点的“缺点”。那样做就等于割断了与别人的自然联系，自己把自己孤立了起来，让自己陷入孤家寡人的绝地。懂生活、有阅历的人绝不会这样做。

明成祖时，广东布政使徐奇进京朝见皇上，顺便带了一些岭南的藤席想馈赠给朝中官员。不料，藤席被京城的巡逻官截获，还将徐奇馈赠礼品的人员名单呈给了皇上。明成祖见名单中唯独没有太傅杨士奇，感到很疑惑，便召见杨士奇，想问个究竟。

杨士奇解释说：“当初徐奇受命到广东任职，行前众官员都作诗送别，所以徐奇此次回京特用藤席回赠。而那一次臣正好卧病，没有赠诗给徐奇，不然的话，我这次也在馈赠之列。今天众官员的名字虽在礼单上，但他们不一定会接受这个礼物，再说藤席为岭南特产，非贵重之物，馈赠他人只是为了表达谢意，不会有别的目的。”

杨士奇这番话讲得自然得体，明成祖的疑惑打消了，也原谅了徐奇。

封建君主权力至高且多疑，如借此机会炫耀自己的清廉，未必会得到赞赏，因为名单中官员未必没有皇上信任的，杨士奇若孤高标世未必会给皇上好感。杨士奇故意将自己牵扯进来，说明自己与别人没有什么不同，从而让明成祖更加看重。杨士奇此举免除了徐奇的祸事，同僚与他慢慢和睦起来。

其实，无论什么时代，杨士奇这样的人都是令人敬佩的。这一类人，透着一股亲和力，虽然他们骨子里也很骄傲，有自己的原则，但他们办事灵活，懂得什么时候“随大溜”，主动与人亲近。不清高，不标榜自己，接上生活的“地气”，换上的是质朴与智慧。

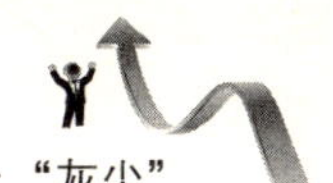

有时做人应该懂得在适当的时候低调。不能因为别人与自己脾气不同，身份有异，价值观有别，就显示出不耐烦或不屑。殊不知，在他人眼中，你却是个脱离群体的怪人。即使你真是高人一筹，也要懂得放下架子，踏实谨慎地做事。

另外，在某些方面，就算不同意别人的观点，也要谦虚一点，至少要懂得尊重别人，礼貌待人。你可以不同意他人的说法，但要尊重别人的话语权；你不用刻意逢迎别人，但你要学会真心地赞美和欣赏；你不一定要请客送礼，但你至少不要吝啬微笑；你不需要说那些言不由衷的话，但需懂得尊重别人的感受。

记住，一个人想成功，就需要放下清高的架子，与某些人和事妥协，与生活妥协，让自己俗一点！

第四节　羞怯会让你吃大亏

一个做软件销售的年轻男孩曾讲述他的苦恼：

我从小就害羞，到现在还是如此。现在我做的是毕业后的第二份工作，我很想和同事、老板搞好关系，但就是不行。我很怕做错事，怕他们说我，怕造成不必要的损失。

有一次，我把一件商品的价位记错了，少收了顾客的钱。我心里很害怕。我知道做错了事应该勇敢承认，但是我却没有勇气。我怕他们的冷眼，我觉得自己给他们的感觉是个迟钝的人，我总会把一些简单的事情做错。他们在背后一定经常说我，瞧不起我。我真的想改变自己的这个状况，因为不改变就会被公司淘汰。

生活中，也是如此。有一次，我和几个女孩子出去，只有一个是认识的，其他几个很陌生。我很想同其他几个说话，但是看到她们谈吐和衣着都很时尚，我就不敢开口了。

现实中，像这个男孩子一样羞怯的人并不少，无论工作还是生活中他们常常陷入困境。内向、没有自信是导致他们陷入困境的主要原因。从心理学角度看，这是一种害羞的人格特质。社交场合，他们时时感觉紧张、不自在，只想逃避与他人接触。在路上见到熟人，对方若没看到他们，他们不会主动打招呼，常常装作看不见，或故意绕开；与人说话时声音非常小，也不敢与人对视，一讲话就会脸红表情僵硬。他们并非不想多交朋友，但是表现出来的举动也常常让他人感觉不自然，因此不愿多交往；他们有时也会因默默无闻而常被忽视。

这种情况在年轻人中多见。很多刚走上工作岗位的年轻人，还没完全适应环境，面子薄，怕碰壁。给人的第一印象是害羞、腼腆。在自己信任的人面前，他们会这样倾诉："我想交朋友，但和别人面对时就是不知如何开口。""我害怕说话，怕别人觉得我笨。""从小就这个性格，可能真的没法改变了，苦恼！"

过分羞怯有碍于工作、学习和人际交往。这是因为有羞怯心理的人常常过多地约束自己，太拘谨，难与人建立亲密的关系。羞怯会导致怯懦、胆小和意志薄弱。更糟糕的是，羞怯的心理有时可以演变为人格的妥协，羞怯会让你的好脾气变得没有原则限制。人性中都有欺善惧恶的一面，这样做会为你招来各种"不平等条约"。

灵灵到新的工作单位后，由于性格内向，不善交际，不仅同公司同事没什么话说，而且有时还让别人误会。

灵灵工作很认真，又不怎么爱说话，因此同事们有难处理的任务总是丢给她。她有时很想拒绝，但不知道怎么开口，也害怕同事因此对她不满。

一次，她在做别人丢给她的一个策划方案时，有一个数据填错了，导致操作过程中才发现产品成本高了不少。本来这个方案不是她的分内事，但错误却是她造成的。领导严厉批评了她，说她对工作不负责任，还要扣她当月奖金。看到丢给她方案的同事若无其事的样子，灵灵很气闷。她感觉委屈，想解释，但是却没有勇气为自己辩解。她害怕看到同事鄙视的眼神，以及老板瞪大的眼睛。

灵灵心中充满苦闷，迷惘、失望总是围绕着她，她有时都不愿意去上班了，只想一个人待在家里。

轻度的害羞是正常的，但是害羞过度不仅影响你的社交，还影响身心健康，感到压抑、孤独、恐惧和缺乏自尊。

与其说腼腆、羞怯是一种性格，不如更直接地说是一种心理特征。它是可以改变的。如果已经意识到它给自己带来了诸多烦恼，那么就从现在起着手开始克服吧。

一、利用神奇的潜意识

你应该在潜意识里植入新的理念。尝试重复大声地说：“每天我都会变得更加更加自信。”在洗澡时，在工作时，在超市，在任何地方任何时间！你也可以使用视觉化的方法——设身处地地想象自己在社交场合变得自信，感到自己非常棒。你时刻所想的会变成推力，帮助你养成习惯。

二、不要把事情想得太过严重

害羞的人通常会把事情想得很严重，事实上事情简单得多。如果你大声回敬你的同事，如果你对领导说出真相，如果你说话时声音颤抖，发言时忘了台词，如果没有一个人为你讲的笑话而发笑……那又能怎么样？会杀了你吗？（姑且用这样通俗的后果来说明吧）不会。就算丢了脸，因为反抗丢掉工作又能怎样？把眼光放长远吧。

三、多想想他人，少关注自己

害羞的人总是花太多的精力去关注他们自己，自己在别人眼中如何，自己是否做得很完美？这里有个很明智的建议——多想想他人，少关注自己。要知道，其他人都在忙自己的事情，没有人会真正有精力关注你。所以，把目光从自己身上抬起来吧。

四、停止想象，立即行动

一味地想象是不可能克服害羞的。如果你只是想着如何克服害羞，最终只有一个结果——没有任何改变。但是，当你真正进入到社交场合，你会发现这里是另一番天地。克服任何恐惧症都不是一个“大脑”的活动过程。解决的办法只有一个，那就是行动。扩大你的接触范围，走出去——走出那个让你感觉不自在的地方，才会有改变。

五、有意识地锻炼自己

开始可以先在熟人中多发言，然后在熟人多、生人少的范围内练习，再发展到生人多、熟人少的场合。循序渐进，逐步增加对羞怯的心理抗力。每到一个新场合之前，事先做好充分准备，增强信心，提高勇气。总之，要有意识地锻炼自己。

第五节　告诉自己“先等一等”

小夏深夜开车撞到障碍物上，连人带车飞出了道路：汽车坏了，他的腿也受伤动弹不了，手机撞在车窗上也坏了，连呼救也没有可能。小夏孤独无援，但并没有绝望，他查看受伤部分，发现没有生命危险，再次检查手机，确定无法打电话呼救。为了避免无效果的盲目活动让伤口过多出血带来真正的危险，小夏停下来，靠在车子后座上尽量让自己睡一会儿。就这样他一个人在黑暗的荒野和凛冽的夜风中待了8个小时，最终盼来了黎明和救助人员。

等待有时会成为最好的救命武器，在这样的突发事件，倘若小夏因急躁而拼命挣扎求救，很可能会导致他的伤口流血过多，等不到救援者到来就会丧失生命。

我们经常会陷入困境，如果一时难以找到突破的办法，那么请不要急躁，让自己冷静下来。也许在等待过程中，你会突然顿悟，有所发现，于是难题迎刃而解；或者在等待过程中，你会遇到意外的助力，帮你越过瓶颈。等待并不全都意味着束手就擒，有时它是一种智慧的自救。

在野外救援中，还有这样一件事。

一个男子探险时，在漆黑的山洞中迷失了方向，被黑暗包裹的他无比恐慌，于是发疯般的在洞内无目标地狂奔，结果离洞口越来越远，最后困死洞中。救援人员后来分析发现，其实他开始迷路的地点离洞口也就十米左右，如果当时他能待在原处，让慌乱的心平静下来，完全能感觉到在不远处跳跃的光亮。

无数经验告诉我们，当在生活或工作中遭遇种种暂时的黑暗时，并不一定要立即采取对抗行动。在还未找到走出黑暗的方向与途径时，抚住胸口，屏住呼吸在黑暗中等待一下，有时不失为一种最有效的方法。

大卫·贝克汉姆是一位技艺高超的杂技演员，他要进行一场没有保险带保护的走钢丝表演，钢丝提高到十六米，远超出正常高度，大卫要在钢丝上完成一系列高难度动作。

演出那天，表演现场观众爆满。他一出场，就引来全场热烈的掌声。而对这样的表演，大卫早就成竹在胸，有十二分的把握走好。他慢慢爬上了云梯，助手在钢丝尽头的吊篮内将平衡木交给他。大卫站在十六米的高空，对观众微笑着挥手致意。场内再次掌声雷动。

他开始走向钢丝，钢丝微抖着，但他的身体如同磁石一般黏在钢丝上，一米、两米……抬脚、转身、倒走，动作潇洒如行云流水。助手紧张而又欣赏地注视着他，暗自为他加油。就在这时候，大卫突然停住了所有动作。兴奋的观众认为接下来会有更惊险的表现，现场马上平静下来。

助手看出这极不正常，立刻意识到大卫可能遇到了麻烦，但大卫背对着助手，助手不知道究竟发生了什么，只是感到钢丝越来越抖，大卫竭力平衡着身体，助手的心揪到一起，冷汗从额头渗出。凭丰富的经验，助手知道此刻最好是不出声，否则会让大卫分心，导致更严重的后果。助手全身微抖，紧张地看着空中的大卫，时间一秒一秒地过去，突然大卫开始挪动了，向钢丝另一头走出一步，之后动作就恢复了正常。

这时，助手的心才松了下来。大卫很快表演完了，从云梯上下来，人们发现他红着眼睛，好像还有泪痕，演员们都围上来。大卫却在找他的助手，当助手跑过来，被他一把抱住："谢谢你，亲爱的兄弟。"

大卫平安下来助手十分高兴，说：“上帝，我不知道你在空中发生了什么？”大卫说：“我的兄弟，你知道吗？有阵微风吹落屋顶的灰尘，进入了我的眼睛中，在十六米的高空我一下‘失明’了。我的心一下凉了下来，心想今天命该如此，但立刻我又告诉自己应该坚持，我在心里一秒一秒地数着，等待着，突然，我感到泪水流了出来，我得救了！它很快将灰尘冲了出来。可是，假如你当时问我一声，我肯定会分心或是依赖你来援助，但那样做后果可想而知。”

大卫的话说完，在场的人都为他和他的助手鼓起掌来。

生活中时有变故发生，但不管遭遇什么，我们都不要急躁，先给自己十秒钟的时间思考，让狂跳的心平静下来，之后让经验与时间来做主，等待由它们把握的另一种结局的自然到来。在心情狂乱时，不要急于行动，也不要盲目寄希望于他人。有时在等待中自我修复是最好的办法。

生活中我们经常遭遇误解，该怎么办呢？心烦意乱，不住地抱怨，寝食不安？这能解决什么问题呢？下次如果再有这种情况，能解释就解释，不能解释就放下，日子还长，时间会为你解释清楚一切。

与家人为琐碎的小事发生争执，最好是把架吵得短一点，假如不能很快和解，那就先离开现场，也不要忙着找朋友倾诉，去商城或超市吧，把平常没舍得买的东西买下来，花钱慰劳自己会让心情平静得快一些，然后你就会觉得有什么大不了呢？没有吵闹的家才不正常！

在工作单位，因为升职或加薪，你被同事“算计”，这时你愤怒至极，很想回击。可是，请冷静一下，再好好想一想，假如跟这种人纠缠，对自己的伤害会更大。不管不顾地释放出愤怒，只会招来更多的麻烦。等自己平静了再说吧，时间能证明一切，这样做你会赢得尊重。

学会等待，这会让你具备坚忍的素质，那么除了你自己以外，没有人能伤害你。

默默过自己的日子，做自己该做的事情，在等待中修养着自己的身心。就像那一棵棵布满伤痕的大树，无言地挺立着默默承受伤痛，同时不停地生长以修复自己。坚持自我疗伤，而不是急于求助于外界，你要知道，很多时候足以疗伤的，正是生命本身。

在等待中，你也许会感到孤独，但也会在孤独中得以修养。不必痛苦，不必急躁，耐心等待吧，时间会把所有送到你面前，包括一个从容厚重的你。

第六节　不抱怨的人生才有吸引力

我们的生活经常被抱怨填满。工作不顺心，抱怨；加薪没你份儿，抱怨；生活太艰辛，还是抱怨……生活的方方面面，抱怨的理由似乎随处可见。然而，难道你以为就凭几句抱怨，这些已成定局的现状就能改变吗？回头看一看，依旧是一片狼藉！说白了，抱怨来抱怨去，这些怨气最终还是落到了我们自己身上。

一个公司要裁员，名单上有内勤部办公室的琳达和琼斯，通知她们该月结束需要离岗，两人得到通知后眼圈都红红的。第二天上班，琳达的情绪仍很激动，跟谁都没有什么好脸色，说话也处处刺人。她不敢找老板去发泄，就跟主管诉冤，找同事哭诉：“凭什么把我裁掉？我干得好好的……”“这对我来说太不公平了。”她声泪俱下的样子，让人很同情，但大家又不知该怎样劝慰她。而她只顾到处抱怨诉苦，以至于分内工作——收发资料、传送文件等都耽误了。

她原本是很讨人喜欢的，但现在她整天气愤不平，办公室的人开始时都有些怕和她接触，都躲着她，后来就有点讨厌她了。

而琼斯在裁员名单公布后，虽然哭了一晚上，但第二天一上班，她仍像以往一样地工作。大伙不好意思再让她做什么，她就主动找活儿做。面对大家同情和惋惜的目光，她总是笑笑说：“反正这样了，还是干好最后一个月吧，以后走了想起来也不会觉得有什么遗憾。”她仍然每天非常勤快地打字复印、采购办公用品，随叫随到，坚守着岗位。

到了月底，琳达如期下岗，而琼斯却从被裁员名单中删除，留了下来。主管当众传达了老板的话：“琼斯的岗位，一天都不能缺少，琼斯这样的员工，公司永远不会嫌多！”

人在面临困境的时候，难免抱怨一下。但如果逢人便说，没完没了地抱怨命运，不但会让自己内心痛苦不堪，而且在怨天尤人的愤怒情绪中，只会把事情搞得越来越糟，把解决问题的机会再次错过。抱怨除了使自己对待他人的态度变得恶劣以外，还会令自己一事无成。而且，不提倡人们抱怨还有科学道理。

现在国外很流行一种能量成功学，其中有一个吸引力法则认为：世上的万事万物都是由能量组合而成的，而能量就是一种振动频率，每样东西都有它不同的振动频率，所以就出现了那么多不同事物的面貌。不论是像桌子、面包等有形的物体，还是如思想、情绪等无形的东西，都是由不同振动频率的能量组成的。

振动频率相同的东西，会互相吸引而且引起共鸣。我们的意念、思想是有能量的，脑电波是有频率的，它们的振动会影响其他东西。大脑就是这个世界上最强的“磁铁”，会发散出比任何东西都要强的吸力，对整个宇宙发出呼唤，把和你的思维振动频率相同的东西吸过来。

你生活中的所有事物都是你吸引过来的！是你大脑的思维波动所吸引过来的！所以，你将会拥有你心里想的最多的事物，你的生活，也将变成你心里最经常想象的样子。这就是吸引力法则！

我们可以这样来理解吸引力法则：无论你的注意力或者能量集中在哪

个方面，也无论这种注意力或者能量是消极的还是积极的，它们最终会吸引来与它同类的东西——好情绪吸引好的东西，坏情绪吸引坏的东西，并使之成为你生活的一部分。

当一个人抱怨时，会发出负面能量，被你指名的想要的事物也是在负面能量中出现的。所以当你抱怨时，其实是在排斥自己指名想要的东西；你的抱怨会推开、驱逐它们。

在美国，有一个名为“互相扶持”的沙龙，一群女性每周都定期举行聚会，而她们互相“扶持”的方式，主要就是抱怨男人。这里最喜爱的话题就是“男人太自私”、“男人不负责任”、“不能相信男人”。她们想不想和男人建立一种健康幸福的关系？当然想，可是为什么她们中间没有一个能拥有这种关系呢？专家认为，通过抱怨，她们向外发送了“男人不好”的振动能量，而这个能量是负面的，所以它只能吸引具有相同振动频率的“负面”男人，使得“好男人”都不会在她们的生活里出现。是她们用自己的抱怨，创造了这样的现实。

能量论对于人来说是否合适，总结生活中的各类实例来看，可以说不无道理。至少我们都认同这一点：我们的生活现状是自己一手造成的。

因此，如果你不想生活继续糟糕下去，那就停止抱怨，停止负面情绪，换上快乐的情绪，用快乐的能量去吸引你想要的东西。就算你难以做到每日喜笑颜开，至少可以有个平和的心境，这样才会吸引来一个平和的生活。

第七节　比较，只会让我们贬值

生活中每个人都有羡慕之心。所谓羡慕，就是因喜爱别人拥有的某种长处、好处或优越条件等而希望自己也有。

有比较才会有羡慕，其实拥有羡慕心理并非坏事。有时羡慕能够让人不做井底之蛙，能给人改变的动力。有人说，羡慕可以让牧羊人生娃的目的不再是等他老了以后有人继续放他的羊。如果没有羡慕，人们因为看不到提升的空间就会丧失突破自我的欲望。这样一来，停滞的不仅是生活水平，更是人类发展的脚步。

羡慕本身并非坏事，但如果羡慕之心得不到调节梳理，羡慕的根源“比较”就可能发展为攀比，搅乱自己的心绪，行动脱离正常的生活轨道。

北大心理咨询中心的老师讲过这样一件事：

北大光华管理学院有个2010届的毕业生，是全系的风云人物，在功课和社会实践方面，都是同学中的佼佼者。毕业上半年求职时，她早早就被一家跨国企业看中，年薪过10万元，在应届本科生中算是非常好的。可是，不久，宿舍里另外一个平日里并不出众的女生却找到了名气更大的企业，年薪更高。这让她心里很不舒服，一想就觉得心里不平衡，最后竟直接推掉了已经到手的工作，重新再找。遗憾的是，很久过去了，她都没能找到比那个同学更好的工作，最终发展到严重焦虑。

这是一个典型的事例，因为羡慕影响了自己的选择。我们还可以看到更严重的：羡慕发展成攀比，攀比又发展为嫉妒，嫉妒发展成恨。任由浅层次的羡慕发展到深层次的恨，最终会破坏健康的人际关系。

如今人们生活条件越来越优厚，自我要求越来越高，攀比现象也无处不在：比富的、斗爱的、比工作的，等等。

拿大学生来说，一进校就开始比家庭背景，比拼数码产品，随后比谁进的社团规模大、谁在学生会最热的部门工作；大二开始有社会实践活动了，就比谁的实习单位好，谁结交了权贵；女生比谁的追求者多、谁男友家世更好或更舍得为自己花钱；大四求职，比谁的门路广、谁的offer多。人大新闻系的一个男生被新华社总编室录取，同班另一男生因为嫉妒，到处造谣说他是因家中有靠山才找到这份工作的，最后两人竟在宿舍大打出手。

走上社会的人呢，比谁家的装修好、谁家车子是最新款、谁度假去哪个高档旅游区了，等等，常常因为攀比而生出明里暗里的矛盾。

如何看待这些现象，为何羡慕会引起这么多的痛苦和矛盾？其实羡慕本身并不痛苦，而痛苦常常源于自我认知、自我期待与现实的差距。

如何去面对自己与别人的差距呢？

首先我们应弄明白什么样的差距才是真正的差距。其实，它不在于是穿耐克还是穿普通布鞋，也不在于每天是吃海鲜、比萨还是馒头、大饼，关键问题是这些外在的内容是如何得到的：那就是我们的个人能力、个人素质。如果能够把这个内容也归纳到比较资源中，你就不会只盯在别人的外在包装上。

当然，你也许会对此说法不屑一顾，尤其是一些年轻人会说："现在，周围有那么多的官二代、富二代，他们有什么个人能力呢？却想什么有什么，怎么能让我们的羡慕不转化成嫉妒和恨呢！"

我们应该看到，对于所谓的富二代等未步入社会的青年来说，他所拥有的每件物质包装都没什么可值得炫耀的，这是他父母的辛勤换来的，对于这些他只有使用权及暂时的掌握权，却没有稳定的控制权，因为这些东西的获取渠道不属于他，就算他在家中是小皇帝，这些东西也是因别人的存在而存在，会因别人控制权的消失而消失。

想要拥有稳定长久的物质生活，还得靠自己的努力和创造。真正让我们引以为豪的应该是个人素质的建设和经验的积累，因为只有这些东西才不会随外在的变化而缩水，不会随时间推移而贬值。要看到，很多人获得的优势是通过自己的不懈努力、奋斗而来的，我们比较结果的时候，是否也该比较一下奋斗的过程呢？

另外，我们积极面对差距带来的心理落差时还要记住一点，就是不仅要看到别人光鲜的一面，那些我们所羡慕的人同时也在承受着他们的不如意——不妨引用一句坊间俗语来说：“别只看贼吃肉，还要看到贼挨打。”

莹莹和月月是一对好朋友，两人在杂志社工作时是关系最亲密的同事。可是后来，月月嫁得一位成功的商人，莹莹则嫁了一名普通的中学老师。两人的生活在转瞬间发生了巨大的变化：月月有了私家车和临湖的别墅，辞掉了工作，在家做起悠闲的全职太太。而莹莹呢？夫妻二人每日里朝九晚五兢兢业业，换回的不过是每月区区几千元，要吃饭穿衣，要养孩子照顾老人，捉襟见肘的时候是常有的。

生活差距让一对昔日闺蜜渐渐失去了共同话题。看看月月，想想自己，莹莹总是觉得心里怪怪的，甚至有些嫉妒，不愿再走动。

一个周末，月月邀请莹莹到她家小聚，莹莹有点犹豫但还是接受了邀请。

月月的家宽敞奢华，有专门的保姆和厨师，餐桌上摆满各种各样的菜肴。吃饭时，旁边有人伺候着，说话不便；吃完饭，进入书房，两人终于可以放松聊天了。莹莹对月月说：“真羡慕你，你知不知道，你是我们那时同事中过得最好的一个。”但月月并没有反应，良久，幽幽地说：“你知不知道？我挺羡慕你。做着自己喜欢的工作，又这么有成绩，老公很爱你，你还有什么不满足的呢？我虽然经济上比你富有，可钱再多，买不来快乐和充实，人能用的也就那么多。我每天待在家里，老公生意很忙，要让他像个普通丈夫那样陪着我是不可能的，有时候他甚至十天半月不回来，一个人守着这么大的房子，无所事事无聊至极，一天一天，每一天都是那么难挨，你说，我这样活着和等死有什么区别？”

莹莹大大地惊异了。她一直羡慕着的月月竟也羡慕着她？看着原本活泼开朗的好朋友没有以前那么快乐了，莹莹似乎明白了些什么。

从月月家回来，莹莹远远看见家里温暖的灯光。门开处，是丈夫温和的笑脸和递过来的冰镇的绿豆汤，莹莹感觉很温馨幸福，在心里悄悄地告诉自己：从今天起，我不再羡慕任何人，我要用心珍惜自己所拥有的一切。

俗话说，人生失意无南北。宫殿里也会有悲恸，瓦屋同样也会有笑声。只是，在平时生活中无论是别人展示的，还是我们关注的，总是风光的那一面。这就像女人的脸，出门的时候个个都涂脂抹粉，光艳靓丽，这大都是给别人看的；回到家后，还不是个个都素面朝天。每个人每天真实的生活都基本是一样的。我们看别人的生活，就像在城外的人想进城，而一旦走进围城，才发现并不是我们想象的那样。真的，我们没有必要总是将眼光放在别人的生活上。

第八节　不怕麻烦，才会升值

管理心理学家研究表明：一般情况下，无论是哪个层次的人，无论他文化水平高还是文化水平低，几乎在任何时候做任何事情时，都存在着“怕麻烦、图省事”的心理，都希望所做的事情程序简单，既不费时，又不费力，能轻松自如地完成每件事情。尽管这是一种比较正常的心理，但如果不加重视，就会给生活和工作造成许多不良的甚至是难以挽回的后果。

调查表明，目前企业中70%以上的安全事故都由违章操作或违章指挥造成，而管理层和员工的“怕麻烦、图省事”的违章行为又占很大一部分。比如一些单位使用陈旧有问题的设备、废旧材料，这些东西常常存在着隐患，但是操作者“怕麻烦、图省事”，侥幸使用了，结果引起爆炸、燃烧等重大事故。

我们目前的消费环境不太好，与消费者自身的“怕麻烦”心理有很大关系。大多数消费者，包括我们自己，发现自己所买商品存在问题后往往是“怕麻烦”，嫌再回去退换太麻烦，怕去了引起争执，等等，因此每每采取自认倒霉的态度，息事宁人。而有的商家也正是抓住消费者怕麻烦的心理，才敢大胆出售假冒伪劣商品。正是我们的“怕麻烦”心理助长了这些商家的违法行为。

在一个人的发展道路上，怕麻烦心理往往是最大的无形障碍。他让人们在不知不觉中，困住了自己前行的步伐。

一个园艺师向一个日本企业家请教说：“社长先生，您的事业如日中天，而我就像一只蝗蚁，在地里爬来爬去的，没有一点儿出息，什么时候我才能赚大钱，能够成功呢？”

企业家对他和气地说：“这样吧，我看你很精通园艺方面的事情，我工厂旁边有2万平方米空地，我们就种树苗吧！一棵树苗多少钱？”

“40元。”

企业家又说：“那么以1平方米地种两棵树苗计算，扣除道路，2万平方米地大约可以种2.5万棵，树苗成本刚好100万元，你算算，3年后，一棵树苗卖多少钱？”

“大约3000元。”

“这样，100万元的树苗成本与肥料费都由我来支付，你就负责浇水、除草和施肥，3年后我们就有600万元的利润，那时候我们一人一半。”企业家认真地说。

不料，园艺师想都没想就摇头拒绝说：“哇！那么大的生意！一想就头疼，我看还是算了吧。”

“算了吧！”是我们常常听到的口头禅，“算了”的背后是对希望的放弃。

事实上，许多时候有这样的举动也不完全是出于胆量和见识的欠缺，而是源于人们普遍的第一反应——“怕麻烦”心理。一个人突然有了好点子，等到将点子拿出来付诸实践时，发现先要做许许多多的大事小情才能让方案展开，于是便打退堂鼓，“太麻烦了，我哪有心思（时间、精力，等等）呢?”人们常常堂而皇之地说。

还是来举一个更贴近你我的例子。

好朋友明中上了北大青鸟软件测试培训班，拿了毕业证后，找了一份薪金很高的工作。这让搞建筑的大志很羡慕，大志是半路出家进入建筑行业，虽然攒了不少经验，但是他知道进一步学习、拿个“证”是很重要的，比如考下建造师证就很重要——至少工作机会和收入都会比现在多。

大志让妻子帮自己在网上查查建造师报名在几月份，在哪儿可以上培训班。妻子告诉他是在9月，如今是1月，准备时间还算长。不过，家附近没有培训班，得到三环附近去上课。还有报名条件是“工程类或工程经济类，大专学历，工作需满6年，其中从事建设工程项目施工管理工作满4年”。大志的条件是符合的，不过因为是大专学历，报名前得到单位先开一个证明。大志一听，想都没想说：“啊，还开证明，又得跑那么远上课，就这也不一定考得上，太麻烦了！还是算了吧。”

你看，大志这件事是不存在风险的，就算是考不过，学些东西也没有坏处，可是我们可以想象的到，让大志自己去报个名，他也会嫌麻烦的。

生活中这样的事情数不胜数。一个人需要一篇几页长的资料，有人告诉他可以去扫描室扫描下来，他想了想说：“太麻烦了，还得去看人家脸色，算了吧，我自己敲上去。”结果自己敲到下班时间，什么事都没做成。一个人的工资发错了，差一百多块钱，同事鼓励他去找老板问问。他想想说：“算了吧，就一百块钱，太麻烦了!”结果下次发工资又是这种情况。被主管误解，同事好心鼓励他去解释，他想想：“算了吧，太麻烦，爱怎样怎样吧。”结果，从此什么事主管都让他靠边站。

你看，怕麻烦心理，会让我们变成什么样子！

好多时候，我们习惯了过往日那种所谓“正常”的生活，把稍微的改变都称之为“麻烦”，正是这样，我们的生活就一成不变地固定下来。久而久之，我们变成了一个消极懦弱的人，各种财富和机会也离我们越来越远。

那么，如何走出这种恶性循环呢？说来也简单，你只要把自己的突破性想法或别人的突破性建议，在权衡清楚的下一秒坚决地付诸行动就可以了——接下来的所有环节就会不同！

第九节　来点自嘲，也能为自己增彩

对孔子稍稍有点兴趣的人，都会觉得这位当过“圣人”又被贬为“孔老二”的人很有趣。孔子是典型的山东大汉，身高一米八以上，孔武有力，甚至能一个人举起城门的巨大木闩。历史上真实的孔子是很生动鲜明的，而且不乏幽默感。他周游列国讲学，落魄潦倒却不失乐观。

《论语》一书，记载着孔子和其弟子的言语行事，认识孔子，它是相对可靠的依据。它展示给人们一个立体的孔子，一个多维的孔子。

《论语》开篇强调“悦”、“乐”、“不愠”四字，给中国传统文化定下了快乐的基调，由此，中国文化便与西方的“罪感文化”、日本的“耻感文化”区别开来。孔子是个懂得快乐精神的人，他闻《韶》乐“三月不知肉味”，他“取瑟而歌”，用现在的话说就是喜欢唱卡拉 OK。

孔子一生颠沛流离，不算富人，但后来却成了历史上最富有的人：拥有众多学生、丰富的知识、前无古人的思想境界和后人难以计量的拥戴。

真实的孔子是一个率真的人，一个宽厚的人，一个好老师，一个平民学者，一个思想者，不过这些称誉能够建立起来都基于他是一个快乐的人。

说起来有意思，孔子是个最乐于自嘲的人。他能够达观洒脱起来，很大原因来自他的自嘲。

孔子到郑国去，与弟子们走散了，一个人站在东门下。一个郑国人对子贡说："东门有个人，额头像尧，脖子像皋陶，肩膀像子产，从腰往下比禹矮三寸，狼狈不堪像条丧家狗。"子贡如实说给孔子，孔子欣然笑曰："形状未也，而谓似丧家之狗，然哉！然哉！"（孔子愉快地笑着说："说我长得像圣贤，不像吧，而说我像丧家狗，是这样吧！是这样吧！"）"丧家狗"虽然是贬义，他却欣然接受，是对自己当时处境的自嘲。

说一个人不成器，就等于是说他没出息，这是很忌讳的。孔子却坦然说"君子不器"（一个真正的君子本来就是不成器的）。也有人讥他博学而无所专长，他听了自嘲说，那么我就以赶马车为专长罢。口吻里带有一丝淡淡的自嘲意味。

其实，许多成功的人都有让自己快乐的方式，而且在许多人身上都可看到无畏的自嘲精神。

在商业精英中，马云最善于自嘲，他的一句"男人的才华与相貌成反比"让人们看到了他自娱自乐的精神。阿里巴巴收购雅虎（中国）后的一年中，为了找到融合后的最好运作方式，马云身心疲惫，在开始一段时间，他确实"很不爽"。后来他自嘲说，有一天他突然开窍了，"我冤枉再大，也不及令狐冲，委屈再大，也不如乔峰，这样一想心态就平静了很多"。

那些正被财富问题折磨着的处境不妙的人，为了保持乐观本性不妨学学自嘲。

自嘲，大致意思就是自己开自己的玩笑。自嘲者，必定热爱生活，有

生活情趣。如果不热爱生活，谁会去发现自己的可笑之处，怎么会觉得这可笑之处可笑，又怎么会将这可笑之处讲出来呢？不热爱生活的人，不会去找乐，更不会在自己身上找乐，他只会在别人身上找乐来满足自己。

说白了人一辈子都在追求各种财富，想想就是苦事，那么让我们在赶路的时候来些自嘲精神吧。

自嘲能增加生活的乐趣。一个人整天嘻嘻哈哈，常拿自己打趣，表现出了乐观的精神，就算苦中作乐吧，也给生活带来了笑声。

适时适度地自嘲，是一种良好的修养，还是一种充满魅力的交际技巧。

自嘲，能制造宽松和谐的交谈气氛，能使自己活得轻松洒脱，使人感到你的可爱和人情味，有时还能更有效地维护面子，建立起新的心理平衡。

主持人李咏曾讲述过一个他朋友的自嘲故事。

一次开办公会议，按照惯例大家都要把手机调成振动模式。朋友拿出自己新买的手机，熟练地按了几个键后，便放到口袋里。谁知，正当领导讲话讲到关键时候，朋友的手机铃声大作。顿时，领导的讲话停住了，会议室所有的目光都齐刷刷地看向朋友和他的新手机。朋友面露尴尬之色，但很快摇摇头，笑道：“十分抱歉，这手机是我刚买的山寨机，初次使用，所以水平还是山寨级别的。”他的自嘲为自己解了围，同事们乐得呵呵一笑，领导也笑了，会场又重新恢复了正常，领导也没有和他计较。

在工作场合中，自嘲是一副不可多得的治疗尴尬的灵丹妙药。遇到尴尬时，不妨拿自己来开涮。除非你指桑骂槐，否则一般都不会讨人嫌。

在日常生活中，谁都会遇到不顺心的事情、不如意的处境，比如仕途受阻、工作失误、与朋友失和、情感受挫等，这时如果以紧张严肃的心态面对，不仅不能化解矛盾、减轻内心的苦恼，反而会适得其反。这时，不妨来一点自嘲，变严肃为诙谐，化沉重为轻松。在自嘲幽默的氛围里，以一种平常恬静的心态去品味生活的酸甜苦辣，去参透与超越世俗的利禄功名。

第五章

你要学会珍惜

第一节　学会珍惜身边的每个人

《大话西游》里有一句经典的台词："曾经，有一份真挚的爱情摆在我面前，但我没有珍惜，等到失去的时候才后悔莫及，尘世间最痛苦的事，莫过于此。"是的，人们常常如此，在拥有的时候，不懂得珍惜，等到真的失去了，才发现自己错过了最美好的情感，后悔自己当初没有好好珍惜。要想人生不贬值，就要学会及时珍惜，珍惜身边的每一个人。

北宋时期，范仲淹改革失败，惹怒了朝廷的保守派，被贬他乡。正所谓墙倒众人推，官员怕惹上麻烦，唯恐避之不及，纷纷不再理睬范仲淹。只有一位名叫王质的官员，佩服范仲淹的胆识和才华，抱病前去送行，并且一直将范仲淹送到城门外，不畏他人怪异的目光，与范仲淹依依话别，他与范仲淹的情意，被传为佳话，流传至今。

人们常说知音难寻，知己难觅，如果真的遇到了范仲淹的挚友王质那样的朋友，就一定要好好珍惜。

只有在生死之间，才知道交情的浅深；只有在贫穷之时，才知道朋友真实的态度；只有在贵贱之间，才知道什么是真正的情谊。茫茫人海中，如果能够遇到一位知己，那就是我们的幸运，一定要学会珍惜，不要等到失去，才后悔莫及。

珍惜朋友，不是一句空话，你要关心朋友，不要计较个人得失，你要学会付出，不要一味索取，只有这样，才能交到真正的朋友，才能获得友谊这份一生中最大的财富。

有两个年轻人相约去沙漠旅行。旅行途中，两个人因为一件小事争吵了起来。一个年轻人打了对方一巴掌，被打的那个年轻人拿起拐杖，在沙子上写到："今天，我的好朋友打了我一巴掌。"他们继续旅行，途中经过一片绿洲，两人停下来饮水。被打了一巴掌的那位年轻人因为不小心踩到了石头，险些滑倒在乱石嶙峋的水潭里，幸好被朋友及时拉住，才幸免于难。这一次，他拿了一把小剑，在石头上刻道："今天，我的好朋友救了我一命。"

朋友很好奇，就问他："为什么我打了你以后，你要写在沙子上，而现在，要刻在石头上呢?"年轻人笑了笑说："当被朋友伤害时，要写在容易被抹掉的地方，写在沙子上，风会负责把怨恨抹掉；相反，如果被帮助，就要刻在不会被轻易抹掉的地方，这样，你就能够记住朋友的好，珍惜朋友的好，与真心的朋友好好相处。"

需要珍惜的，不仅仅是朋友，还有亲人、同事、爱人，甚至与你擦肩而过的每一个人。佛说，"前世五百次的回眸，才换来今世的擦肩而过"，茫茫人海，为什么就这样与你相遇，既然相遇相识相知，就要珍惜，不要因为距离太近而怠慢了对方，也不要因为心存芥蒂而忽视了对方，要知道，有些事情，一旦错过，有可能一辈子错过。而对于你的人生来说，失去了这些温暖的情意，人生就失去了绚丽的色彩，没有了色彩的图画，纵然再巨大，再细腻，也是一幅黯然的黑白素描。

近代作家、诗人苏曼殊，曾被称为画僧，可后来，他再不作画，究其原因，就是痛恨自己不曾珍惜与挚友赵伯先的情意，错过了最后一幅画。

苏曼殊与赵伯先都来自江苏，两人一见如故，交往密切，友情深厚。后来，苏曼殊在杭州西湖为革命党人陈独秀做了一幅画，赵伯先见后，欣然向苏曼殊求画。当时，苏曼殊忙于东渡日本，无暇顾及琐事，答应了为赵伯先作画，却迟迟没能兑现。苏曼殊东渡之前，打算从日本回来之后再静心作画，送于赵伯先，没想到他赴日不久，黄花岗起义爆发，作为革命党人的赵伯先，在起义失败后忧愤成疾，郁郁寡欢，最后吐血而亡。苏曼殊从日本回国后，得知这个噩耗，悲痛不已，作画《荒城饮马图》，亲自来到赵伯先的墓前焚化，以示悼念。苏曼殊对自己不曾珍惜与赵伯先共度的美好时光，没能在赵伯先生前送他一幅作品，圆满他的心愿心存愧疚，从此弃笔，再不作画，以悼亡友。然而人死不能复生，这份愧疚却永永远远地留在了苏曼殊的心头。

中国有句老话，做好手中事，珍惜眼前人，人生最痛苦的事情，莫过于子欲养而亲不在，人生很多事情都可以等，唯独珍惜这件事情不能等。

要想让自己不会贬值，让自己的人生丰满幸福，就必须懂得珍惜，并且时时刻刻去珍惜，去爱身边的每一个人。那些与我们形影不离的关怀和温暖，是我们前进的动力，是我们最大的幸福。

第二节　学会赞赏别人，等于提升自己

卡耐基说：“在日常生活中，我们最常忽略的美德之一，便是赞美他人。”目前在国内，赏识教育已经成为儿童教育的重要环节，其实不仅仅对于儿童，对于成年人来说，赏识一样重要，学会赞赏别人，等于提升自己。

黑人罗杰·罗尔斯出生在纽约最贫穷的地区，然而他却最终成长为纽约历史上的第一任黑人州长，他的成功，就离不开年幼时老师的

称赞。

罗杰·罗尔斯小时候非常调皮，经常怂恿别的同学跟他一起逃课，还常常拉着小伙伴们打群架，是学校里最让人头痛的“问题少年”。幸运的是，新来的老师皮尔保罗，并没有像别的老师一样斥责罗杰·罗尔斯，而是拉着罗杰·罗尔斯来到校长面前，对校长说：“这个孩子，以后肯定能够成为纽约州州长。”

正是这句话，成就了罗杰·罗尔斯，他以这句话为动力，执著向前，永不退缩，因为有个人，永远在身后支持他、赞赏他，认定他肯定能够成为纽约州州长。可见，赞美的力量有多大！

学会赞赏别人，也等于在无形中提升了自己。被你赞美的人，会因为你的赞赏而愈加努力，终成人才，而你，也会因此多了一个成功的朋友，进而多了很多个成功的朋友。

其实，每个人都渴望得到别人的赞美，这种精神上的鼓励，远远超过物质上的激励。美国小说家马克·吐温曾经这样说：“只凭一句赞美的话，我就可以多活两个月。”此话不谬，俗话说，良言一句三冬暖，恶语伤人六月寒，一句鼓励的话语，一个肯定的眼神，足以让一个心灵为之振奋，为之饱满。

美国商界奇才鲍罗齐出身贫寒，少年时代以摆水果摊为生，后来以经营中国炒面起家，一举成为资产过亿的商场奇才。曾有人问及他的成功秘诀，他的回答令人深思：“赞美你的顾客比赞美你的商品更重要，因为让你的顾客高兴，你就成功了一半。”英国剧作家莎士比亚曾经说：“我们得到的赞美就是我们的工薪。”赞美就像一笔投资，只需片刻的思索就能得到意想不到的报酬。它能沟通情感，表达事理，让人与人之间彼此靠近，让我们不会贬值。

适当地赞美上司，可以消除隔膜，利于沟通；毫不吝啬地赞美同事，可以和谐相处，同舟共济；真诚地赞美朋友，可以加深友谊，福难同当；

大度地赞美对手，可以春风化雨，瓦解仇恨；动情地赞美家人，可以巩固感情，和睦家庭。

赞美自古有之，但绝不是假意的吹捧和虚伪的讨好。赞美不是不切实际、刻意夸大，而是发自内心、有根有据的欣赏。

一个人获得了别人的赞美，会心生快意，自信倍增，然后信心十足地朝着人们期待的方向去努力，相反，如果一个人每天都被人指责和埋怨，便会心生烦闷，信心不足，严重的还会失去信心，自暴自弃。美国著名心理学家威廉·詹姆斯经过研究发现："人类本性中最深刻的渴求就是受到赞美。"俗话说："人活一张脸，树活一张皮。"赞美是每个人都需要的。

有时候，我们之所以责备他人，只是因为自己对对方的说法、做法持有不同的意见，并期待对方能够改正。期待对方改正的方式方法多种多样，为什么不试试运用赞美的方式去纠正别人的错误呢？

> 美美和宋琴在同一个办公室里工作，但是两个人的关系很不融洽。有一次，两个人又因为一件小事吵得不可开交，宋琴气得摔门而去。这时，同事丽姐过来相劝，宋琴说："你去告诉美美，她再这样发臭脾气，还不知道收敛一下，以后我就再也不理她了。"结果没过多久，美美的脾气果然好了不少，还主动跟宋琴打招呼。在以后的日子里，宋琴也发现美美像是变了一个人，待人温和又有礼貌。宋琴疑惑之余，专门向丽姐去道谢，并且好奇地问："你是怎么说服她的？"丽姐笑了笑说："我并没有把你的话转达给她，而是告诉她，公司很多人都很喜欢她，说她又温柔又善良，人长得又漂亮，美美也很欣赏你。"

赞美，是人与人之间沟通的最好桥梁。正是因为赞美，人与人之间才多了一份理解和温暖，少了一份戒备和冷漠。学会了赞赏别人，也就相应地理顺了人际关系，你的自身价值也就得到了提升。

一个人不管是通过语言上的，还是行为上的肯定和喜爱，都可以称之为赞美。哪怕是你微笑着对别人点点头，只要充满诚意和喜悦，别人都会感觉很温暖。其实在我们生活中，可以赞美的人或事有很多，比如，当你见到你的朋友时，不妨对朋友多加留意一下，由衷地说一句："你今天看起来气色不错"、"你今天真漂亮"或者"你这件衣服真好看"等；当你进一家餐厅用餐后，不妨对服务员说一句："你的服务很到位，谢谢你。"我们应该学着去发现美丽，赞美别人的优秀，努力发现别人的优点。

赞美也是一门艺术，那些善于夸奖、称赞别人的人往往热爱生活、积极乐观，而随着他的赞美和认可，他的生活必将越来越好，他的人生必将不断提升。

有一个小故事。

> 甲乙两个猎人，都逮了两只兔子回家。
>
> 甲的妻子看见甲拎了两只兔子进门，冷漠地说："你一天就只打到两只小野兔吗？真没用！"甲猎人不高兴，一肚子怒火，心想，你以为打兔子很容易吗？于是第二天，甲猎人故意空手而回，好让妻子知道，打猎是一件很不容易的事情。
>
> 乙猎人的妻子正好相反，看到丈夫带回了两只兔子，就欢天喜地地说："你一天打了两只野兔吗？真了不起！"乙猎人听了满心喜悦，心想，两只算什么！于是第二天，乙猎人打了四只野兔带回了家。

两句不同的话，产生了完全相反的结果。可见赞美别人，你也会跟着提升，贬低别人，你同样会跟着贬值。

人总是喜欢被赞赏的，无论是六岁的孩子还是古稀的老人，无论是男人还是女人，都一样喜欢被赞赏，赞赏是欣赏是感谢，给人的是喜悦是自信。赞赏别人是一种美德，懂得赞赏的人才懂得珍惜，才会不断提升，不断进步。

第三节　只有行动起来，才是最好的珍惜

有一位作家，才华横溢，文笔优美，他一直想写一本关于“历史见闻”的书，为了创作这本书，他每天都会抽出时间来阅读历史类书籍。在他那个年代，关于历史见闻的书还很少见，多是历史专业教科书，所以他的想法引起了很多人的关注，大家都拭目以待，而作家本人也很珍惜大家对他的关注和支持。可是一年过去了，没有人看到这本书出版，又复一年，还是没有消息。直到某一天，一个读者亲自登门询问，作家告诉他，这本书还没有开始写。可读者却递过来一本书，说在市场上买到了这样一本书，非常畅销，以为是他写的，可署名不是他，所以特地登门询问。作家很诧异，接过来翻了翻，发现这本书的很多思路和自己当初的想法是一致的，想到自己这两年整理了很多的资料，却一直没能成书，如今被人抢了先，颇感对不起自己，也对不起读者。

在现实生活中，很多人都有一个或者多个美好的梦想，可又有几个人能够美梦成真？是缺少机会，还是能力不够？都不是。在当今社会，每个人都有成功的机会，只是能够付诸行动迈向成功的人却少之又少。

朋友王东，从小就喜欢凡尔纳的小说《环游世界八十天》，所以他一直梦想有一天也能“环游世界”。当他还是毛头小伙的时候，就梦想能够抛开一切，周游世界，但苦于囊中羞涩，始终没有踏上梦想的旅程。

但在王东心里，一直期盼能够圆这个梦想。后来，他结婚了，再

后来，他的妻子怀孕了，两个人的世界变成了三个人的家庭，为了妻子和孩子能够生活得更好、更幸福，他拼命工作赚钱，而心中的梦想，也只能束之高阁。

因此，王东常常感叹，他周游世界的梦想，只能等到孩子长大了，不用自己操心的时候；只有等自己退休了，有了充足的时间和自由；只有等自己的积蓄达到一定的水平，才能够真正实现。好不容易，孩子长大了，经济条件也好了，王东却发现，他还是无法圆满完成自己的梦想，因为父母已年迈，需要他守在身边……

王东常常跟朋友提起他的梦想，然而只是说说而已，他似乎永远都不会付诸行动。有一天，王东突然打电话约了几个老友陪他喝茶，原来，他偶然间读到了一本书，书名叫做《不会去死》，作者是一个骑车周游世界的日本青年。这位名叫石田裕辅的日本青年，辞掉了工作，进行了一次为期7年的“环游世界”的漫长旅行，让王东羡慕不已，感慨万千。

石田裕辅在书的扉页上这样写道：“既然要走，就得趁现在就走；既然要走，就得走出世界第一。”

王东翻着那本书，在茶馆里悲怆不已，他痛恨自己在一样的青春韶华里，不曾行动，不曾向梦想进发。当时，阻挡王东实现梦想的，是金钱，然而，石田裕辅也没有钱，所以他选择了骑自行车环游世界。现在，石田裕辅看过了恒河的日出，满月下的金字塔，东非草原上奔跑的长颈鹿，丛林深处若隐若现的蒂卡尔神殿，极地夜空中五彩摇曳的欧若拉……经历了许多生死绝境、伤痛离别和幸福的瞬间，以一个胜利者的姿态回到了家乡。

石田裕辅的7年旅行，为他创造了多项纪录，他成为众多“驴友”们崇拜的英雄。他把这次为期7年的旅行经历写成了朋友手里的这本书——《不会去死》，如今的石田裕辅已经声名远扬。同样的梦想，一个及时行动，一个踌躇不前，面对这本书，王东惆怅不已，哀叹自己的梦想也许一生也无法实现。

为什么怀有同样梦想的两个人，会有如此大的差别？原因很简单，王东并没有珍惜他的梦想，只有行动起来，才是最好的珍惜。

我们常说，要珍惜每一个机会，事实上，我们几乎每天都在放走机会。

珍惜不是用来挂在嘴上的，也不是用来攥在手里的，而是用来行动、用来实践的。

我们每个人，大都有过灵光一现的时候，可真正能够把灵光一现的好点子落实到实处的人，却少之又少。就像每个男孩，都会在马路上遇到美女，可真正敢于追逐美女的，却没有几个，难道你能抱怨老天爷没有给你机会，没有给你一个漂亮女孩吗？No，No，是你自己没有真正珍惜这些机会，并不是没有机会。

不知行动的人，即使手中攥着藏宝图，也等于废纸一张，因为地图是死的，它不会带着你移动半步，只有放弃空想、幻想，大步向前，及时行动，才能真正做到珍惜，真正拥有成功。不行动，你的想法再好，你的创意再有价值，也只是黄粱一梦。

英国哲学家培根曾经说过："好的思想，尽管得到上帝赞赏，然而若不付诸行动，无外乎痴人说梦。"伟人能够成功，是因为我们看到了他们的成果，才肯定了他们的创意。所以即使我们的创意价值千金，但是如果没有付诸行动，就没有价值。

行动才是成功的关键，所以如果你想拥有财富和价值，就要学会行动。

吉姆是一个无业游民，有一次，他听说买彩票如果运气好的话就能中大奖，于是吉姆天天跑到教堂去祷告，请求上帝能给他一次机会，让他中大奖。三年过去了，上帝终于忍不住，对吉姆说道："你口口声声说要中大奖，就算我给你机会，也需要你去买一次彩票才有中奖的机会啊!”

试想一下，如果比尔·盖茨当年也只是想一想，而没有付诸行动，今天的微软帝国又将从何而来？如果爱迪生当初只是空想一下，并没有日复一日地进行试验，我们现在恐怕还过着日出而作日落而息的生活。中国企业家马云曾经说过这样一句话：“有两个方案：一个是一流的创意加三流的实施；另一个是三流的创意加一流的实施，如果让我选择，我宁可选择第二个方案。”没错，真正的珍惜，就是行动起来，决不要把今天的事情推到明天，决不要觉得还有很多个明天，社会不会等你，市场不会等你，机会也不会等你，真正的珍惜，就是现在就开始行动!

第四节　懂得珍惜的人，也会勇敢地放弃

懂得珍惜，不是要求你死死攥住不放，而是要求你及时开始、坚持不懈，在所有的坚持之后，懂得珍惜的人，还要学会勇敢地放弃。

在一个企业新产品研发新闻发布会上，一个记者问这家企业的总裁——一位非常成功的企业家：“你们对这次新产品研究开发，有百分之百成功的把握吗?”很多人认为一向自信的总裁会说：“有。”但是总裁却说：“如果我说有，那我的员工肯定会说我是疯子。”

记者问：“如果研发不成功，您该怎么办?”

总裁毫不犹豫地说：“接着搞。”

记者接着再问：“如果还是失败呢?”

总裁非常自信地说：“继续搞。”

记者似乎故意让总裁出丑，继续问：“如果第四次的结果还是失败呢?”

总裁仍然自信地回答："放弃！"

记者接着问："贵集团似乎没有失败和放弃的先例，这也与贵公司的传统不符啊。"

总裁幽默地说："因为放弃和失败在成功的前面，你们总是来晚了，自然只能看到我们的成功。"

总裁包含哲学和禅机的话，顿时博得了记者们的阵阵掌声。

我们从小就被教育，坚持就是胜利，任何中途放弃和退出的人，都是可耻的。但是，任何坚持并不是没有前提的，那就是在正确的时候，在正确的方向上做正确的事情。在错误的时候，在错误的方向上，我们再去坚持，只能导致我们在错误的道路上越走越远。

我们小时候深受愚公移山、铁杵磨成针的故事影响，觉得什么事情，只要自己喜欢、痴迷，选择了，坚持了，奋斗了，不怕失败，跌倒了爬起来，就一定能成功。事实上是这样吗？

自己喜欢做的事情，很多很多，喜欢打篮球就能成为 NBA 明星吗？恐怕连 CBA 都打不上。喜欢唱歌就能成为周杰伦那样的明星吗？恐怕连酒吧的老板都不接受。喜欢写作就能成为郭敬明那样的作家吗？恐怕出版社的编辑连看都不看……我们的爱好和职业有关系，但是我们的爱好并不能成为我们的职业。

识时务者为俊杰。所谓的识时务者，不仅做自己喜欢的，而且做自己能力范围之内的。一件事情，不做谁也不知道能不能做成功，只有做了才知道。所以，懂得珍惜，及时行动，不怕输、不怕失败是好事，但是盲目地不怕输、不怕失败也是不行的。

别说曹雪芹穷其一生，饿死妻儿，写就一部世界名著；也别说潦倒的梵高死后，他的《向日葵》身价过亿……如果有人让你做一件事，坚持做 100 年肯定能成功，你会坚持做吗？我想不会，因为你首先想的是，自己能不能活到 100 岁。即使能活到 100 岁，事情成功之后才有收入，那么谁会养你这么多年呢？

所以懂得珍惜的人，一定也会勇敢地放弃。

在现实生活中，很多人不能够果断结束、勇敢放弃，最后导致自己的失败，甚至灭亡。

某地发生水灾，整个乡村都难逃厄运，村民们纷纷逃生。一位虔诚的信徒爬到了屋顶，等待上帝的拯救。

不久，大水漫过屋顶，刚好有一只木舟经过，舟上的人要带他逃生。这位信徒胸有成竹地说："不用啦，上帝会救我的！"

片刻之后，河水没过了信徒的膝盖。

刚巧，有一艘汽艇经过，来拯救尚未逃生者。这位信徒又一次说："不必啦，上帝一定会救我的。"汽艇只好到别的地方救其他的人。

几分钟后，洪水高涨，已到了信徒的肩膀。这个时候，有架直升机放下软梯来拯救他。他死也不肯上飞机，说："别担心我啦，上帝会救我的！"直升机也只好离去。

最后，水继续高涨，这位信徒最后被淹死了。

死后，信徒升上天堂，遇见了上帝。他大骂上帝："平日我诚心祈祷您，您却见死不救。算我瞎了眼啦！"

上帝听后叫了起来："你还要我怎样？我已经给你派去了两条船和一架飞机！"

可见，不勇敢地放弃等待，就是错误的延续，你不放弃，连上帝都救不了你！

2005年，中国的联想电脑以"蛇吞象"的气魄，并购了国际IT巨头IBM的个人电脑业务。这一举动震惊了世界，许多人觉得不可思议，因为在此之前，IBM的个人电脑业务一直位居世界前列，而如今，IBM 把自己的优势项目卖给了竞争对手，坐视对手做大做强。

但在这场交易结束之后，IBM 内部却一片欢呼。原来，自进入 21 世纪，特别是中国加入 WTO 之后，IBM 个人电脑业务在中国的市场份额，在竞争对手戴尔、惠普和联想的屡屡挤压之下不断缩水，它在中国的个人电脑销售利润率直线下降，个人电脑业务同其他业务相比，已不再具有优势。而 IBM 在服务器行业，利润大，投入大，需要投入更多的科技、人力和资金，才能立于不败之地。

在这样的形势下，IBM 的高层作出了一个痛苦的决定，承认自己在个人电脑业务角逐战场上的完全失败，把个人电脑业务的市场和技术全部出售给在竞争中相对比较弱小的联想，这样，不但打击了戴尔和惠普这两个最大的竞争对手，使戴尔和惠普在短时间内不能在服务器行业和自己竞争，又借联想之手狠狠地削弱了这两个对手的实力，同时自己又通过此次并购获得了大量的资金，从而巩固了自己在服务器行业中的霸主地位。

在日常生活中，我们也常常会遇到这样的困境，这个时候，要想让自己不会贬值，不妨学一学 IBM，勇敢地放弃，只有这样，才是真正的珍惜。

第五节 珍惜你的时间，提高你的效率

我们要学会合理地利用时间，这样，才能用最少的时间做最多的事，才能更快地接近成功。

珍惜时间就是珍惜生命，善用时间就等于掌握了自己的命运，要想让自己不会贬值，一定要学会珍惜时间。时间是一条匀速向前流动的河流，

从不为任何人停下脚步，也不为任何人放慢速度，最重要的是它从不回头。所以面对时间，我们唯一能够做的，就是珍惜。

我们首先要正确地认识时间，对它作出正确的评价。美国第三十二届总统富兰克林曾经说过："记住，时间就是金钱。假如说，一个每天能挣10先令的人，玩了半天，或躺在沙发上消磨了半天，他以为他在娱乐上仅仅花了6便士而已。不对！他还失掉了他本来可以挣到的10先令。记住，金钱就其本性来说，不是不能升值的。钱能生钱，而且它的子孙还会有更多的子孙。谁杀死一头生仔的猪，那就是从源头上断了它的一切后裔，以至它的子孙万代。如果谁毁掉了5先令的钱，那就是毁掉了它所能产生的一切，也就是说，毁掉了一座英镑之山。"

有一个年轻人每天游手好闲、百无聊赖地过日子。这一天，他去拜访一位哲人，希望哲人能够给他的未来指明一条道路。

哲人问他："你为什么来找我呢?"

年轻人回答道："我至今仍一无所有，恳请您给我指明一个方向，使我能够找到人生的价值。"

哲人摇了摇头，说："我感觉你和别人一样富有啊，因为时间老人每天都会在你的'时间银行'里存下和别人一样的86400秒的时间。"

年轻人觉得很好笑，说："这有什么用呢？这些时间既不可能助我获得别人的尊敬，取得举世瞩目的荣耀，也不可能帮助我拥有锦衣玉食的生活……"

哲人对年轻人的回答感到十分失望，打断了他的话语，问道："难道你不认为时间珍贵吗？那你不妨去问一个刚刚延误乘机的旅客，一分钟值多少钱；你再去问一个刚刚死里逃生的'幸运儿'，一秒钟值多少钱；最后，你去问一个刚刚与金牌失之交臂的短跑运动员，一毫秒值多少钱?"听了哲人的这一番话，年轻人羞愧地低下了头。哲人继续说道："只要你明白了时间的珍贵，去发现一件自己想做的事情，那你脚下的路便会慢慢明朗起来。你想要的荣誉、成就、锦衣玉食就会自己找上门来。"

可见拥有时间就是拥有财富，珍惜时间就是珍惜生命。每人每天，都有 86400 秒的时间可以支配，如果不去珍惜，时间就会像风一样从身边溜过，给日子留下一片苍白。只有懂得珍惜时间，善于利用时间，人生才会变得绚丽。

清代军事家曾国藩曾经说过："天可补，海可填，南山可移。日月既往，不可复追。"我国古代著名的田园诗人陶渊明也曾这样感叹："盛年不重来，一日难再晨。及时当勉励，岁月不待人。"

时间是一种不能再生的、特殊的资源，既不能逆转，也不能贮存，一个人生命的价值就是时间的积累。一个人，假如他能活到 80 岁的话，大约有 70 万个小时。除去幼年的成长受教育期，以及老年的休养期，用于工作的时间可能为 40 年左右，也就是 15000 个工作日，即 35 万个小时。然后，再除去睡眠、吃饭的时间，那么，最后剩下的时间大约只有 20 万个小时。因此法国近代资产阶级军事家拿破仑·希尔指出：一切节约归根结底都是时间的节约。

时间的节约，靠什么？靠效率。效率就是单位时间的利用价值。有效地利用时间，便是效率。不要让玩耍、闲聊等没有价值的事情占用自己太多的时间，对自己的时间作出最妥善的安排，把时间的浪费降至最低。这就是节约，这就是效率。

现实世界复杂多变，每个人都会有喜怒哀乐，每个人都会处于各种各样的社会关系中，免不了和别人打交道，当然也避免不了无穷的琐事的烦扰。要想完全回避这些，那是不现实的，但是聪明的人，懂得如何驾驭时间，懂得如何把主要精力集中在可以获得最大回报的事情上，而不是将时间花费在对成功无益或益处很少的事情上。

所以要珍惜你的时间，要分清事情的主次，懂得哪些是需要花费工夫一步步做好的，哪些是根本不需要做的，哪些事关照一下就行，哪些事干脆应该放弃……只有这样，才能够真正地把握时间，创造时间，提高效率。

失败者总是在消耗时间，成功者总是在创造时间。失败者之所以失败，很大程度上就是因为他们没有很好地把握时间，工作的时候三心二意，空闲时间要么聊天，要么上网，大好时间就这样白白浪费了。

时间往往就隐藏在时间中。当你在一个小时的时间内，完成了本来需要两个小时才能完成的事情，那么，你就找到了一个小时的隐藏时间。

时间往往还隐藏在生活中，这有点类似一心二用。比如，你在看书的半小时里，想清楚了一个问题，或发现了一种有价值的现象，那么，你就找到了半小时的隐藏时间。

每天每个人都拥有24小时，谁也不会多，当然谁也不会少。拥有时间就是拥有财富，珍惜时间就是珍惜生命。珍惜时间，提高效率，学会休息，学会放松，做时间的主人，让自己的时间永远不会贬值。

第六节　珍惜当下，一旦错过永远错过

有一个年轻人，长相英俊、潇洒，正是婚配的年龄。一次外出，途经一个农场，看到一个漂亮的女孩儿，心生爱意，发誓一定要将她娶回家。于是，他找到女孩的父亲，请求他把女儿嫁给自己。农场主上下打量了年轻人一番，沉吟片刻后，提出了一个要求："只要你能抓住一只牛的尾巴，我就把女儿许配给你。"

农场主把年轻人带进农场，先后放出了三头牛，每次放出一头。

开始的时候，年轻人满怀信心地站在牛栏前，可第一头牛跑出来后，年轻人不禁后退了几步。第一头牛无比健硕，年轻人心想：这头牛真健壮啊！万一抓不到怎么办，等下一头牛吧。接着，第二头牛也跑了出来，这头牛比第一头牛更加健壮，年轻人见这头牛两眼发光，狠狠地盯着自己，心生胆怯，不敢上前，心想，等第三头吧。眼看就剩最后一次机会了，年轻人暗暗发誓，一定要抓住这次机会。等到第三头牛出现的时候，年轻人总算松了口气，因为第三头牛非常瘦小，有气无力地跑到了年轻人身边。这一次，年轻人毫不犹豫地冲了过去，伸手去抓牛的尾巴，然而，当他转到牛的身后，却发现，这头牛根本没有尾巴。

在现实生活中，太多的人，如同那个年轻人，因为没有珍惜当下，而错过了机会。人生太多的事情，一旦错过，便会永远错过。

世界公认的汽车发明者，是德国人卡尔·佛里特立奇·本茨。他在1885年研制出世界上第一辆马车式三轮汽车，经过反复试验，于1886年1月29日，发明了世界上第一辆三轮汽车，获得了“汽车制造专利权”。这一天，被大多数人称为现代汽车诞生日，本茨也被后人誉为“汽车之父”。1887年，卡尔·本茨将他的第一辆汽车卖给了法国人埃米尔·罗杰斯，这是世界上第一辆现代汽车的销售。同年，卡尔·佛里特立奇·本茨成立了世界上第一家汽车制造公司——奔驰汽车公司，将毕生的精力都献给了汽车事业。

然而，在本茨之前，法国机械工程师吉拉德，一生的梦想就是造出世界上第一辆真正意义上的汽车，为此，他追求了一生。

吉拉德研究了前人成功的经验和失败的教训，认为前人之所以没有成功，是因为没有理论只懂蛮干。

在吉拉德之前，1771年，法国陆军工程师居纽制造出了第一辆以蒸汽机为动力的车，被称为“人板车”，这辆被用于运送军火的车，以粗木为车架，装有3个轮子，前轮既是驱动轮，又是转向轮，司机通过一个双把曲柄控制方向。但这种车因锅炉体积太大，比较笨重，难以操作，在试车时就撞倒了一堵墙。

在1801年，英国人特里维西克也制造出一辆蒸汽动力车，但是，这辆笨重的车，在特里维西克开着它去吃饭时，放在一家小饭店门口的棚子里，最后因为锅炉烧干引起火灾，那辆车也在火灾中彻底报废。

吉拉德于是认定，必须精心研究关于机动车制造的理论，于是，他将毕生的精力投入到机动车制造理论的研究中去，细致到鉴定哪种材料造车最为适合，为此，仅仅是图纸他就画了上万张。

然而，就在吉拉德还在孜孜不倦研究、无休止地推敲时，1886年1月29日，卡尔·佛里特立奇·本茨，用高压电火花为发动机点火，采用汽化器，使用液体燃料，用前轮控制方向，造出了现代意义上的第一辆汽车并取得了专利。

吉拉德到死也没能实现自己的汽车之梦，他的梦想被一堆图纸绑架了。

吉拉德直到去世前，才醒悟过来，他在日记中写道：世界上没有被计算到最完美、最精确的事物，上帝也从来没有把万无一失、一切到位的福分赐予人类，你总要去实践，总要在差不多的时候，赶紧迈步前行，放手去做，否则自己在原地打圈子，是一生中最大的错过。

没错，一旦错过，永远错过，成功，只属于珍惜当下的人。

不要再在反复的琢磨和犹豫中，错过上天赐给我们的良机。现在不珍惜，当有一天，我们终于下定决心去珍惜的时候，恐怕良机已去，年华老去，空留悲切在心头。

1864年，美国南北战争结束时，法国记者马维尔采访当时的美国总统林肯。马维尔问林肯：“据我所知，上两届总统都曾想过废除黑奴制，而关于解放黑奴的宣言也早就已经草拟了出来，可上两届总统都没有拿起笔，签署这个宣言。请问总统先生，他们是不是想把这个伟业留下来，给您去成就英名?”林肯笑着回答：“我想，如果他们知道拿起笔，需要的仅仅是一点勇气，我想他们一定非常懊丧的。”这段话的深意，一直到1914年林肯去世50年后，才被马维尔真正读懂。1914年，马维尔在林肯致朋友的一封信中，读到了这样一段话：“有些事情，有些人之所以不去做，只是他们认为不可能。有很多不可能，只存在于人的想象中，比如废除黑奴制这件事。”

看来，林肯前任的两届总统，都永远地错过了一次足已让他们彪炳千古的机会，仅仅是因为他们没有珍惜当下，从而永远错过。

从前有一个农民，他听说了别人成功的事例以后，就不再种田，每天在路边等待机遇的到来。有一天，一个路人从他身边经过，询问他在干什么，他说：“我在等待机遇的到来。”路人说：“你别等了！不如跟我去做生意吧！”农民摇了摇头，决定继续等下去。路人离开了。有一个智者路过，他赶紧上前打听机遇何时到来，智者告诉他：“机遇已经来过了！”“在哪里?”农民急切地问。“刚才离开的商人不就是嘛！”

在生活中，机遇会以任何方式到来，只是我们不懂得珍惜当下，珍惜机会。因此，一而再、再而三地错过了种种机会。你要知道，我们都是凡夫俗子，一旦错过将会永远错过，还是好好珍惜当下吧。

人生没有彩排，每一场都是现场直播，所以，最重要的，就是珍惜当下。

第七节 懂得珍惜的人，会从错误中崛起

很多时候，我们会做错，没有谁是先知先觉的圣人，做错也很正常。不要因为做错而放弃，懂得珍惜的人，会从错误中崛起。做错，只是暂时的失利，成功，只需要从错误中崛起。

人生，其实就是一个“错了再试”的过程，谁能保证自己不做错呢？只要从错误中爬起来，接着向前走，就会一步步接近成功。

“麦当劳”创始人克罗克，在52岁那年开始创业，最初，他做过不少错误的决策，连他自己都说：“当错误发生时，令人莫名痛苦；但逐年累月之后，这些错误，被我们称之为经验。”所以，别怕做错，做错不是失败，只是暂时的失利，世界上没有失败，只有经验，从错误中崛起，你就会成功。

你玩过“大富翁”游戏吗？它的发明人是美国人达洛，发明“大富翁”游戏时，他是一个失业在家的暖气工程师。1935年，达洛把游戏的最初版本寄给一家玩具公司，玩具公司当即拒绝了他，因为游戏里有52个错误。可是达洛并不气馁，他一再尝试，一一修正错误。今天这个游戏风靡全球，制造商每年印的大富翁钞票，远远超过美国官方每年所印的美钞。

你吃过比萨吗？1958年，富兰克·卡纳利在自家杂货店对面经营了一家比萨饼店，筹措他的大学学费。19年之后，卡纳利卖掉3100家连锁店，价值3亿美元。他的连锁店叫做必胜客。而对于其他想创业的人，卡纳利给他们同样的忠告：“你必须学习失败。”他说：“我做过的行业不下50种，而这中间大约有15种做得还算不错，那表示我大约有30%的成功率。可是你总是要出击，而且在你失败之后更要出击。你根本不能确定你什么时候会成功，所以你必须先学会失败。”

没有人永远正确，但也不会有人永远做错，做错是难免的，但做错也是暂时的，只要从错误中崛起，你的前途就是一片光明。

戴尔公司的创始人迈克·戴尔说："我们一向把错误当成学习的机会，重点是要从所犯的错误中好好学习，才能避免重蹈覆辙。"所以，关键的不是做错，而是如何从错误中崛起，找到通向成功的那条路。

一位著名的作家，写过很多影响人们的书籍。当别人问及他的成功过程时，他很自豪地提到了自己的父亲。原来，在他小时候，他的父亲会在每天晚饭后，询问他的学习进度，他要把当天在学校学到的东西全部告诉父亲。要是某一天，他的学习进度快一点，讲得清楚顺畅，父亲就会夸奖他；如果他哪一天，学习进度慢，没听明白老师讲的课程，讲给父亲的时候错误百出，父亲的脸色就会阴沉下来，并且要求他重新走进书房，温习功课。因此，这位作家从小就养成了一种习惯，每天自我监督、自我检查，将错误视为进步的阶梯。这种习惯他一直保持了下来，直到如今，他还会每晚审视自己，今天有什么进步，有什么错误需要更正，也正是这种习惯，促成了他的不懈努力，促成了他的成功。

所以懂得珍惜的人，一定会从错误中崛起。

孟子云："吾日三省吾身。"要想成功，要想人生不贬值，就要每天审视自己的言行，每天从错误中崛起。会自我反省的人，必定知道什么是自己不该做的；不会自我反省的人，不但不知道什么是自己不该做的，恐怕连自己该做什么也不知道。

美国电影制片人布朗，在没有功成名就之前，曾经被三家公司辞退过，布朗没有被这样的失败击倒，而是不断努力，凭着自己卓越的才华，挤进了好莱坞20世纪福克斯公司。但是，布朗并没有被重用，公司裁员时，他第一个被裁掉了。布朗没有气馁，他总结经验教训，又应聘到一家编辑部，却因为与总裁的意见相左，终被开除。后来，布朗又一次走进好莱坞20世纪福克斯公司，在跟董事会进行了6年的“拉锯战”之后，终因董事会拒绝拍摄他建议的影片，无奈辞职。经过三番五次的挫折之后，布朗开始静下心来做自我检讨。发现自己的确太爱冒险，并且固执己见，并不适合位居人下，听人指挥。于是，布朗决定自立门户，他开始自己联系投资商，自己拍摄影片。最后，布朗成功地拍摄了《大白鲨》、《裁决》、《天茧》等著名影片，获得了美国电影界的认可。当记者采访布朗的时候，他说：“我最初的失败，是因为没有发挥自己的潜力造成的失误。大家都知道，检讨失败，才是破译成功密码的重要环节……”

懂得珍惜的人，不会害怕犯错误，他们会知错就改，从错误中崛起。错误并不等于失败，及时检讨自己的错误，你才会知道什么是属于你的、什么是最适合你的，从错误中崛起，你才会更加接近成功，才能摘取到成功的果实。

第八节　自爱之人，才会珍惜这个世界

要学会爱这个世界，先要学会爱自己，要珍惜这个世界，先要学会珍惜自己。自爱之人，才会珍惜这个世界。有这样一个故事：

一位年轻的妈妈，安排好一切后事，就将煤气罐打开，准备抱着自己唯一的孩子离开这个世界。当她躺下，将孩子搂在臂弯里，突然心生悲痛，难以自制，泪流满面。孩子睁大一双明亮清澈的眼睛，用稚嫩的声音对妈妈说：“妈妈不哭，等我长大了，我搂着妈妈哭。”妈妈的眼泪更是止不住了，她将孩子使劲抱了抱，起身走进厨房，关掉

了煤气阀。

这个故事里的妈妈最终意识到，她要先学会爱自己，才能够更好地爱孩子，正如孩子所说，等他长大了，就会搂着妈妈哭一样，如果自己连自己都不珍惜，如何给孩子温暖，抚养孩子长大？

自爱就是好好地活着，好好地爱着自己和别人。只有照顾好自己，才能够更好地照顾身边的人，珍惜身边的人，珍惜这个世界。

自爱的人，会享受美妙的音乐，欣赏美好的风景，会探索生命的意义，会拥有人生的寄托。

自爱的人，会让自己开心快乐，会有很好的方法，让自己从恐惧、忧虑、悲观乃至绝望的困境中解脱出来。

自爱的人，会努力寻求生命的意义。当你找到生命的意义时，你就会产生崇高的使命感；你就会负起人生的责任，并矢志不渝地去完成它。

自爱的人，会保持良好的心态，会保持健康的身体。

自爱的人，会让自己的生活丰富多彩，会培养自己的兴趣爱好、修身养性，比如阅读、音乐、书法、绘画、养花、下棋、唱歌、舞蹈、手工艺、收藏、鉴赏以及静坐、参禅等。

总之，自爱的人，会对自己很好。

一个人活着，首先就要爱自己。从小处说，是为了家庭，从大处说，是为了事业。爱自己，对自己好一点，别跟自己过不去，只有懂得爱自己的人，照顾好了自己，才有能力去爱别人。

自爱之人，每天不管多忙，都应该照照镜子，要眉开眼笑、嘴角上翘地照镜子，对着镜子跟自己说：“我爱你！加油。”

人必先自爱然后人爱之，如果一个人连自己都不爱，那他对别人的爱会更少；如果他根本就没有爱，又怎能爱别人，别人又怎能相信他的爱？比如，当一个亿万富翁说他可以拿出一百万元现金时，人们相信他说的是真的，可是当一个三餐不保的乞丐说他可以拿出一百万现金时，人家就会嘲笑他在痴人说梦。不懂得爱自己的人也一样，在人生旅程中，看不到幸福的未来，更谈不上珍惜二字。

所以，要想不贬值，首先要学会珍惜自己，学会自爱。如果你愿意深爱自己，相信别人也会深爱你，珍惜你。

第九节　做一个感恩的人

感恩是一种处世哲学，也是生活中的大智慧。一个智慧的人，不为自己没有什么而斤斤计较，也不会一味索取，更不会任凭自己的私欲膨胀。学会感恩，为你已经拥有的而感恩，感谢宇宙给予你的一切，这样你才会有一个积极的人生观，才会有一种健康的心态。

一次，美国前总统罗斯福家失盗，朋友闻讯，赶忙写信安慰他。罗斯福给朋友的回信是这样的："亲爱的朋友，谢谢你来信安慰我，我现在很平安。感谢上帝：因为第一，贼偷去的是我的东西，而没有伤害我的生命；第二，贼只偷去我部分东西，而不是全部；第三，最值得庆幸的是，做贼的是他，而不是我。"

罗斯福的感恩心态，值得我们学习。感恩是一种人生的态度和高度，并不是别人有恩于你，你才去感恩。只要你活着，就应该感恩。

一个生活贫困的男孩为了积攒学费，挨家挨户地推销商品，但是，过程很不顺利。傍晚时，他很饿，很疲惫，甚至有点绝望。他敲开一扇门，希望主人能给他一杯水。开门的是一位美丽的年轻女子，她端给他的是一杯浓浓的热牛奶，男孩十分感激。多年以后，男孩成了一位著名的外科大夫。有一天，一家乡镇医院转来一名病人，病情较重，需要立即手术。已经长成男人的男孩，走上手术台，迅速为这位女病人做完了手术。术后，他惊喜地发现，这位女病人正是多年前他饥寒交迫时热情地端给他一杯热牛奶的那位年轻女子，因此，他悄悄地为这位女病人支付了手术费，并且在手术费清单上这样写道："手术费：一杯热牛奶。"

古人说：滴水之恩，当涌泉相报。生活中，我们需要感恩，父母对我们有养育之恩，领导对我们有知遇之恩。只要我们有一颗感恩的心，温暖、自信、坚定就会随之而来。

曾经看过这样一则新闻报道，讲的是湖北襄樊5名贫困大学生，受助不感恩，最终被取消受助资格的事情。这5名贫困大学生，受助一年多，却从来没有主动给资助者打过一次电话，写过一封感谢信，这5名受助大学生的冷漠，让资助者终于寒心。就连多年来为资助贫困生东奔西走、劳神费力的襄樊市总工会副主席周萍，都为此感到尴尬。她最终指出，部分贫困生，在心理上"极度自尊又极度自卑"，缺乏一种正确对待他人和社会的"阳光心态"，缺乏起码的感恩之心。

不懂得感恩的人，道路会越走越窄，人生会不断贬值。

从成长的角度来看，心理学家们普遍认同这样一个规律：心情改变，态度就跟着改变，习惯也随之变化，时间长了，性格也会发生改变，人生的道路因此发生改变。就像在水中放进一块小小的明矾，就能沉淀所有的渣滓；如果在心中培植感恩，就可以沉淀许多的浮躁、不安，消融许多的不满与不幸。

法国著名作家罗曼·罗兰曾说："只有把抱怨别人和环境的心情，化为上进的力量，才是成功的保证。"的确，你只有心怀感激，才能体会出生命的意义；你只有懂得感恩，才能让别人看见你的豁达，提升自己的价值。

做一个感恩的人，感谢所有的人吧，包括折磨你的人。

遗忘令自己不快乐的事，原谅令自己不快乐的人。

只有感恩的人，才会有心胸、气度和毅力去准备成功。

感谢那些伤害过你的人，因为他们让你变得坚强；感谢那些欺骗过你的人，因为他们让你学会辨别；感谢那些欺负过你的人，因为他们让你明白抗争；感谢那些批评过你的人，因为他们让你有了进步；感谢那些讽刺过你的人，因为他们让你有了前进的动力。

感谢折磨你的人，正是由于他们的存在，才使得你的生命充满了机遇和挑战，充满了转折和收获。如果你能够以这样成熟的心态来面对生活中的起起伏伏，那么，你不再是一个面对苦难掩面哭泣的人，而将成长为一个无法战胜的勇士。

第十节　珍惜你的梦想，勇敢奔赴未来

在现实生活中，很多人都拥有梦想，但是有多少人愿意为了梦想全力以赴？珍惜我们的梦想吧，梦想是我们走向成功的原动力。不管是梦想成为文坛新星，还是梦想治国安邦，只要我们珍惜梦想，勇敢地奔赴未来，就有可能“梦想成真”！

下面四个步骤，正是我们珍惜梦想、成就未来的具体方法。

一、确立适合自己的梦想

认识自我，确定自己究竟想要什么，确立适合自己的梦想。

日本漫画家尾田荣一郎，在四岁那年就对自己说：“我要成为漫画家。”于是，上高中时，尾田荣一郎就开始创作自己的漫画，他的

第一个漫画作品是有关海盗的故事。后来，尾田荣一郎发现，自己在“海盗”这个题材上有太多的想法，于是立下志愿，要在日本第一漫画杂志《周刊少年》上连载自己的海盗漫画。为了锻炼自己的画技，尾田荣一郎先后给《翠山警察故事》的作者甲斐谷忍、《不文泰山》的作者德弘正也和《浪客剑心》的作者和月伸宏三位漫画家做过助理。在当助理期间，尾田荣一郎利用闲暇时间，创作了海盗题材的作品《Romance Dawn》，也就是《海贼王》的雏形。如今，《海贼王》的单行本销量已突破1亿本。而尾田荣一郎，也从和月伸宏的漫画助理，一跃成为日本漫坛的领军人物。

因此，确立适合自己的梦想，并且坚持不懈，你就有可能成功。

二、分解你的梦想，具体到每天每个时段

你要实现梦想，必须从小目标着手，订立一个期限，量化自己的梦想。

确立了适合自己的梦想以后，就要静下心来研究和分析梦想，制订出实现梦想的行之有效的计划方案和实施策略，然后每天都朝着梦想的方向去努力。

《哈利波特》的作者罗琳，于1990年开始构思哈利波特的故事。她的第一本书《哈利波特与魔法石》，前后共写了5年。罗琳在一间咖啡厅里，将女儿放在桌边的婴儿车上，就在女儿的哭闹声中写作。她给自己做了详尽的写作计划表，包括每天写多少个字，写到什么章节，要写出什么样的故事情节，写出哪些故事人物的形象，等等。

所以，如果你的梦想是成为一名像罗琳一样的作家，不妨把梦想分成以下几个步骤，第一步，在国内的某几本杂志发表多少篇文章，然后为这

个目标确定一个明确的实施时间；第二步，在国内的某家出版社出版一本自己的小说，然后为这个目标也确定一个明确的时间；第三步，出一本畅销书，在多大岁数以前……然后，你再制定出每天的步骤，按部就班勇敢向前。

三、每天拿出你的自信和努力，勇敢奔赴未来

在实现自己梦想的过程中，会遇到各种各样的挫折和困扰，你一定要自信，要努力，要勇敢。行动，行动，再行动；坚持，坚持，再坚持，你将会离梦想越来越近。

四、抓住机遇，努力将梦想变成现实

成功离不开机遇，梦想成真更离不开它，机会总是转瞬即逝，它只垂青有准备的头脑。英国科学家牛顿一直认为有一种神秘的力量存在，又不知道是如何产生的，当牛顿在苹果树下，被一只苹果砸到脑袋时，就发现了万有引力定律。所以，有梦想的我们，要时刻准备好，机遇随时可能降临。

梦想如同玫瑰，悲观者只看到它的刺；自信者却能闻到它的芳香。只有不怕被刺伤手的勇敢者，才能采摘到玫瑰，拥有它的美丽。

珍惜你的梦想吧，每个人都是与众不同的，每个人都可以成为 No. 1。勇敢奔赴未来，将梦想进行到底，你就能成为梦想成真的那一个！

第六章

学会理财不贬值

第一节 养成记账的好习惯

在每个月的月初，你是否会奇怪，明明工资刚到手，为什么就花掉了近一半；在每个月的月底，你是否会纳闷，为什么这个月又要找同事、朋友借钱度日？

王飒刚毕业那两年，就曾经经历过这样一段尴尬时期，每个月的月底都要借钱度日。幸运的是，他很快就找到了脱离窘境的妙方。一次偶然的机会，王飒到朋友家串门，随手拿起书桌上的一本杂志翻看，一篇与理财有关的文章吸引了他，看完后，他立即决定，按照杂志上的方法，记账理财。

开始的时候，王飒只是盲目地记账，水费、电费、上网费、电话费、交通费、一日三餐的花销、人际交往的开支、生活用品的消费，一一记录下来。一个月之后，王飒发现，每个月自己在喝酒、抽烟、零食、应酬往来以及服装方面的支出，竟然占到了工资总额的30%。王飒开始盯着账本思考，到底哪些钱该花？哪些钱不该花？哪些钱能够少花？哪些钱花得不值？记了两个月的账后，王飒终于对自己的支出状况有了明确的把握，也终于可以做到不该花的坚决不花，能省的坚决要省。就这样，记账半年后，王飒终于摆脱了入不敷出的窘境，做到了计划支出，略有结余。

那么，王飒到底是怎样通过记账摆脱窘境的呢？很简单，喝酒、吸烟、零食、服装等开销，能省则省。以前王飒每周喝两顿酒，自从记账后，他给自己规定，每周只喝一顿酒；以前王飒每个周末都去逛街买衣服，自从记账后，每个月才逛一次街买一次衣服；以前王飒晚上总喜欢看电视吃零食，自从记账后，改为每天晚上上网研究股票基金，不再吃零食。就这样，支出一点点减少，钱也就一点点省了出来。

当然，有些钱是不能不花的。王飒喜欢买书、订报，这些钱是非花不可的，依靠书报，他了解时事、提高修养、丰富生活；王飒还要缴纳养老保险、医疗保险，这也是必需的支出，它们能够解除他的后顾之忧，保障他老有所养、病有所医。

如今，王飒的支出越来越有规划，储蓄越来越多，他打算积累到一定数量，就投资基金或者股票。

可见，养成记账的好习惯，不仅可以保障生活有序、花钱无忧，还可以保证储蓄递增、财富增长。学会记账，生活无忧，才不会让自己的生活贬值，不会让自己跟着贬值。

中华民族是一个智慧的民族，同时又是一个中庸的民族。在日常生活中，很多中国人喜欢“难得糊涂”，不管消费还是支出，都是“大概”、“差不多即可”，很少有人和每天的零散开支“较真”，这正是理财上的大忌。钱从哪来大家都很清楚，可钱去哪了却很少有人心中有数。只有养成良好的记账习惯，才能够打破“难得糊涂”的理财陋习，才能够成功理财，才能够保证自己不会贬值。

通过记账，我们不仅能够全面了解一定时期内个人的经济收入、支出情况及结余状况，还可以清楚地把握每天、每月的消费支出，由此确定哪些项目可以在日后更加节省，哪些项目可以在未来加以避免。通过记账，我们可以掌握每个月的收支规律，使日常生活更加条理化，为日常开支提供科学依据，进而合理安排开支，节省生活消耗。

那么，究竟如何才能记好个人的日常账目呢?

一、拒绝简单的流水账

记账贵在清楚，清楚地记录金钱的来源与去处，是记账的基础原则。有些人虽然每天都记账，记的却是糊涂账，只记录总额，没有记录细项。举例来说，如果到商场购物，共计消费 1234 元，就应该将每个购物细项分类记录下来，千万不能只记录花了 1234 元，这样，不仅无法了解金钱的流向，记账的目的也不会达到。因此，记账要拒绝简单的流水账，要分账户、按类目记账。记账首先分收支两项，然后每项里再细分，其中支出项最简单的细分法则，就是分为衣、食、住、行、用、通信、育儿、娱乐、其他九大类。

二、记账切记收集单据

集中凭证单据是记账的重要工作。日常消费应养成索取发票的好习惯，记账时，在账簿上记下发票上的消费时间、金额、品名等项目，如单据没有标示品名，最好在旁边加注，以明确金钱的流向。此外，银行扣缴单据、捐款单据、借贷收据、刷卡签单及存款、提款单据等，都要一一保存，最好存放到固定地点，按消费性质分类放置，每一类别按日期顺序排列，以便日后统计和查找。

三、勿以钱少而不记

美国知名理财专家戴维·巴哈曾说：“每天少喝两杯拿铁（拿铁咖啡是意大利浓缩咖啡与牛奶的经典混合），30 年就能省下 7000 万元。”这句话的意思是，每天看似不起眼的琐碎开销，经年累月却会变成可观的支出，因此，这些日常生活中的非必要开销，被称为“拿铁因子”（Latte Factor）。记账的目的，就是消除“拿铁因子”，勿以钱少而不记。记账就该滴水不漏，把每一笔小钱都记录下来。日常生活中，有很多极易被忽视的开销，比如一杯可乐、一张DVD光盘、一块巧克力，这些“拿铁因子”长久累积下来，就是一笔不小的开销，记账可以帮助我们轻松察觉并消除这些“拿铁因子”。

四、记账要及时、连续、准确

记账操作要及时，最好在收支发生后，及时进行记账操作。及时记账不仅可以避免遗漏账目，还可以避免金额的误差，有效地保证记账的准确性。对某些重要的账户，如信用卡账户、委托银行付款账户，及时记账可保证实时监视账户余额，如透支额等，如发现账户透支或余额不足，便可及时处理，减少不必要的利息支出或罚款。连续记账可有效反映理财效果，如采用软件记账或网络账本记账，就能根据连续记账进行实时收支统计分析，给理财提供有效的依据。

第二节　天生我“财”必有用

先做一个小测试，如果你突然收到一笔大额的馈赠，你该怎么办？答案有三个：第一个，拼命花钱，疯狂购物；第二个，把钱全都存起来，继续现在的生活，用储蓄利息享受生活；第三个，认真研究投资市场，把钱用来投资。如果你选择了第一个答案，抱歉，也许你永远不可能成为富翁，因为“财”对你来说没有用，等你挥霍殆尽，就会和原来一样，还是个穷人。如果你选择了第二个答案，很好，你的生活会有所改善，可惜你没有物尽其用，财富只是你生活的“调剂品”，而不是“主导者”。如果你选择了第三个答案，恭喜你，天生你“财”必有用，不管你现在有多少钱，不管你这次投资是失败还是成功，你都将乘着财富之舟，乘风破浪向富翁行列飞速前进。

一位地主在临死之前，将全部的房屋和田地统统折换成金币，平均分给了他的两个儿子。兄弟俩在得到金币后，各自开始独立生活。

大儿子生性保守，为安全起见，他在一棵老榕树下挖了一个深坑，埋下了大部分金币，另外一些则带在身上。然后，便跑到另一个地主家，去做长工，挣钱去了。大儿子每日辛苦干活，赚得一日三餐。实在累了，就拿出几个金币，出去逍遥快乐一番，过几天舒服享乐的日子。之后，虽然金币越来越少，但由于数量巨大，大儿子还算生活无忧、快乐逍遥。

两年后，大儿子收到弟弟的来信，弟弟在信中说，他把父亲原来卖出的房子和田地又买了回来，请哥哥回来住。哥哥十分迷惑，到曾经被老父亲卖出的房子里去找弟弟，弟弟果然在那里居住。哥哥惊讶万分地说：“你哪儿来的那么多钱买回房子和田地？”弟弟没有回答，领着哥哥走进了自己的密室。哥哥更惊愕了，他瞪大双眼，半天说不出话来，原来，满屋子都是金币，至少是当初弟弟分得的金币数量的5倍！

弟弟笑着跟哥哥解释：“我发现把手里的金币换成货物，再卖出货物，是可以赚取差价的。于是，我用自己的一部分金币收购药材，然后运到药材奇缺的地方去卖，就这样，我拥有了成倍的金币。我不断地买进卖出，就有了现在的房子、田产和更多的金币！”

最后，弟弟对哥哥说：“其实，我们最初都是一样的，只是我让金币生了金币，而哥哥你，让金币睡在了地下！”

可见，天生我“财”必有用，要把“财”用起来，才能够实现财富的增长，才能够创造更多的财富。财富要“用”起来，不能“藏”起来。有财不用，挥霍浪费，最终只能像故事里的哥哥一样：坐吃山空，金币越来越少。有财就用，盘活财富，就会像弟弟一样：用金币生金币，实现财富的保值增值。

那么，如何才能让天生我“财”更有用？

一、合理消费，善待钱财

善待钱财、合理消费，是用好钱财的第一步。最典型的就是败家女星章小蕙的故事。章小蕙曾被誉为桃色女王，曾是香港影星钟镇涛的太太。有一天晚上，章小蕙梦见了一件靓衫，在梦中大喊“so beautiful”，第二天，章小蕙就刷爆了钟镇涛的信用卡。这样的梦章小蕙做了无数个，最终，把钟镇涛的家产都给败光了，随后两人离婚。章小蕙的第二任男友也一样运气不佳，爱上章小蕙之后，无可避免地也破产了。究其原因，章小蕙太爱Shopping，只要是她看上的衣服，哪怕飞到非洲，也一定要买回来。如此不合理的消费，最终导致家败人散。

二、“财”尽其用，用钱生钱

古人云，开门七宗事，柴米油盐酱醋茶；现代人说，开门八宗事，柴米油盐酱醋茶，外加一宗是理财。随着国民经济的高速发展，老百姓的口袋越来越鼓，闲钱越来越多。如何让闲钱不闲，如何用好闲钱，让财生出财来，自然成了老百姓的头等大事。

2008年大学毕业后，李先生进入一家大型国企工作。虽然工资比较低，但由于李先生从小就养成了勤俭节约的好习惯，所以生活过得并不那么紧巴巴，至少不像他的大部分同学那样，成为月光族。一年后，李先生竟然攒下了两万块钱。一次同学聚会，大家纷纷抱怨生活开销大，工作一年还没有任何积蓄。当李先生说自己存了两万块钱，大家都很惊讶，李先生在证券公司上班的同学马上鼓励他作投资，正好李先生也有点发愁，不能让这两万块钱闲着吧。于是，李先生听从同学的意见，新股上市时积极申购了一只潜力股。新股上市，风险低，收益高，李先生花了17500元买了5000股。如今，这只股票势头强劲，李先生投入的17500元，反映到股票账面上，已经变成了23500元，升值6000元。2010年，李先生把2009年一年的积蓄又一次投入了股票市场，他相信天生我"财"必有用，不管手中的钱是多是少，放钱出去生钱，才能"财"尽其用。

第三节　改变你的金钱观

金钱观，就是人们对于金钱的根本看法和态度，由于每个人的人生观、价值观不同，所以金钱观也不尽相同。

有这样一个故事：

三名神甫，分别是英国人、美国人和犹太人，一个偶然的机会，他们坐在了一起。美国神甫问其他两位神甫：对于教堂奉献箱里面的钱，你们怎么处理？

一向保守的英国人回答："为了公平，我会在地上画一条直线，然后把奉献箱里所有的钱往天上一丢，落在地面上之后，直线右边的属于上帝，作为教堂运作的经费；直线左边的算做我的薪水，我把它留下来用做生活消费。"

务实坦率的美国神甫听了英国神甫的回答，笑着说："我和你差不多，我在地上画个圆圈，当然圆圈不能画得太大！然后我把奉献箱里的钱往天上一丢，掉在圆圈里的就奉献给上帝，而掉在圆圈外的，就是我的私房钱。"

这时，视钱如命的犹太神甫忍不住开口了："哪有那么麻烦，我根本不用画什么直线、圆圈，我的方法很简单，直接把信徒的钱往天上一丢，留在天上的，当然归上帝所有，至于落在地上的，就全归我了。"

几年后，三个神甫再次相遇，他们又一次提到了教堂奉献箱里的钱，结果是：英国神甫因为教徒捐钱大方，奉献箱里面的钱较多，私房钱较多；美国神甫因为教徒出手吝啬，奉献箱里的钱较少，私房钱不多；犹太神甫由于教徒不肯捐钱，奉献箱里常常空空如也，生活入不敷出，更别提存私房钱了。

三名神甫之所以有如此不同的命运，就是因为他们的金钱观不同。有怎样的金钱观，就会有怎样的人生。正确积极的金钱观，自然会带来幸福充裕的人生；错误扭曲的金钱观，只会让生命日渐败落。法国亚历山大·小仲马的代表作《茶花女》中有一句话："金钱是好仆人，却是坏主人。"意思就是说，要让金钱成为你的仆人，而不要做金钱的奴隶。太过于看重金钱、太喜欢贪图小利的人，往往会变成金钱的奴隶，一辈子都被金钱牵着鼻子走；而合理对待金钱、健康有序理财的人，往往会财运亨通，一辈子把财富掌控在自己的手中。

你又是哪个神甫呢？如果你不是英国神甫，就请尽快改变自己的金钱观，让自己成为金钱的主人！改掉肆意挥霍的毛病，改变贪图小利的陋习，建立正确的金钱观，才能把自己的财富之塔垒得更高、更坚固。

那么，究竟该如何树立正确的金钱观呢？

一、要对金钱有正确的认识

现实生活中，很多人都缺乏对金钱的正确认识。有些人把金钱看得太重，即所谓的“拜金主义”、“金钱至上”，只要能够获得金钱，他们可以不择手段。受“金钱万能论”的影响，这些人鼓吹“有钱能使鬼推磨”、“金钱决定一切”。还有一些人，把金钱看得太轻，把金钱说成了万恶的根源，摒弃对金钱的追求。这些都是对金钱的错误认识，金钱作为我们的生活工具，是由我们创造、为我们服务的，我们应该成为金钱的主人，让金钱发挥最大的功效。记住，钱不是万能的，但是没有钱是万万不能的。对于我们来说，重要的不是金钱，而是幸福，是满足基本生活需求后发自内心的幸福。

二、要建立正确的消费观念

正确的消费观念就是要确保支出和消费成正比，不能超支不能挥霍，要有固定的结余。正确的消费观念是理财的基础保障，要求我们树立节俭的意识，适度消费，把每一分钱都花在刀刃上，乐享消费的点滴乐趣。一个没有正确消费观念的人，整日挥霍度日，生活没有节制，终究只会坐吃山空。

三、明确君子爱财取之有道

所谓君子爱财，取之有道，是指君子爱财要讲究赚钱的方式，非正常的渠道不走，不义之财不取。就像中国古代春秋楚国的政治家、军事家和实业家范蠡，帮助越王勾践兴越灭吴，功成名就后急流勇退，乘一叶扁舟遨游于五湖之间，其间三次经商成巨富，三散家财，用自己的智慧赚取了富可敌国的家产，被称为“古代商人的圣祖”；而中国清朝的大贪官和珅，也凭借权势，贪污了无数的珍宝房产，拥有了大量的钱财，却遭人唾弃，留下了千古骂名。所以，君子爱财取之有道，抛却良心剑走偏锋去赚钱，终归会坐卧不宁、人财两空。

四、运用金钱为全人类服务

金钱的概念，是人类自己创造的，人类创造金钱，就是为了让它为社会服务，为全人类服务。每个人都是社会的个体，都应当承担一定的社会责任，所以，我们有必要运用金钱，为自己服务、为社会服务、为全人类服务。如果让金钱躺在家里，睡在钱柜里，它永远只是一堆纸，丝毫体现不出它的意义，要体现金钱的最大价值，就要让它“活”起来，“动”起来。投资可以让筹资人拥有更多创办实业的资金，创业可以为社会提供工作机会创造物质财富，做慈善可以为被贫穷困扰的群体排忧解难……总之，运用金钱为全人类服务，才是最博大、最光明、最有意义的金钱观。

第四节　动物界的理财人生

初中上生物课时，我们都曾接触过达尔文的“适者生存”理论，达尔文认为，凡是生存下来的生物都是适应环境的，而被淘汰的生物都是对环境不适应的。其实，各种动物之所以能生存下来，除了其对环境的适应能力之外，还与它们的“理财”能力有着密切的关系，很多动物都称得上是“理财”高手。学习它们与生俱来的“理财”能力，能让我们对理财有更好的认识和把握。

第一种值得学习的动物，就是万兽之王——狮子。狮子在家庭理财上，也有着严格的分工。公狮负责圈地，看到一块没有被其他狮子发现的土地，先撒几泡尿来表明土地的所有权，然后，由母狮在领地内狩猎，捕到猎物，公狮母狮一起享受。因此，我们在家庭理财中，男人应该像公狮一样，积极去发掘新的领地，努力创造财富，女人则应当学习母狮，把男人创造的财富打理好，别让家庭资产流失，这样，夫妻共同努力，才能分享创造财富和科学理财带来的美好生活。

第二种值得学习的动物，就是有"狡兔三窟"之称的兔子。兔子是动物界的弱者，为了生存，兔子通常要在觅食区域内挖多个洞穴，这样万一遇到敌人，可以就近藏到一个洞穴里，从而确保自身的安全，这就是人们常说的"狡兔三窟"，以求分散风险。在日常理财生活中，我们应该学习兔子，多选择几种投资渠道，追求稳健的投资者，可以选择储蓄、国债和人民币理财；追求收益的投资者，可以投资房产、信托和开放式基金。并且，要根据形势及时调整和选择更好的"洞穴"，这样才可以最大限度地化解风险，提高理财收益。

第三种值得学习的动物，就是胆大心细的豹子。豹子捕猎时，会考虑自己的付出是否值得，它对兔子之类的小动物往往不屑一顾，因为它知道追一只兔子和追一只鹿所消耗的热量成本是相当的，所以在付出同样成本的情况下，它会选择物超所值的猎物。人类理财也应该如此，如果投资期限、投资风险等要素大体相当，应尽量选择收益高的投资方式。比如，国债和储蓄风险相当，但收益却有一定的差距，这时就应尽量选择回报相对高一些的国债。

第四种值得学习的动物，就是喜欢积谷防饥的田鼠。田鼠的智商非常高，秋天到了，它知道趁机储备粮食安全过冬。通常情况下，一只田鼠需要储备七八斤甚至十多斤粮食，而运送和储存这么多的粮食，要花费很多的时间和精力，但它们却非常专注，乐此不疲。而在我们的现实生活中，随着人们收入的提高和消费观念的转变，"月光族"越来越多。花钱如流水肯定很潇洒，但到了用钱时捉襟见肘也非常尴尬，所以只花钱不攒钱的年轻人，应学学田鼠提前计划、积谷防饥的理财思路。

第五种值得学习的动物，就是稳健而沉着的狼。狼是动物中最冷静最沉稳的，每次进攻之前，它都要仔细了解对手，先用对峙来消磨对手的耐力，然后伺机而动。面对比自己更强大的对手，狼会借助集体力量群起而攻之，所以狼在一生的诸多进攻中，很少失手。而我们在面对各种保本、保息以及高利率、高回报的诱惑时，要正确分析这些产品是不是真正适合自己，是不是真正具有高收益。我们应当尽量避免盲目的理财行为，这样，理财成功的概率才会大大提高，甚至永不失手。

动物的世界，也有它们自己的生存法则。只要遵守法则，就能找到适合自己的生存方法，就能在弱肉强食的世界长久地生活下去。而动物的这种生存方法与人类的理财方法殊途同归，向动物们学理财，找出适合自己的理财方式，就能获得富足美好的生活！

第五节　薪水不代表全部

南山和北山相邻，南山的庙里和北山的庙里，各住着一个和尚，一个叫一禅，一个叫二慧。一条小河流经两座山的山脚，一禅和二慧每天都会下山去河边挑水，久而久之，两人相识相知，成了好朋友。

一晃五年过去了。突然有一天，南山庙里的一禅没有下山挑水，北山庙里的二慧见不到一禅，心想：一禅大概是睡过头了。谁知第二天、第三天，连着过了一个星期，一禅还是没有下山挑水。二慧急了，以为一禅病了，便去南山的寺庙登门看望。

二慧见到老友一禅时，愣住了，一禅和尚不但没有病，而且气色很好，正坐在院中打坐。二慧和尚奇怪了，上前问道："一禅兄，我还以为你病倒了呢，你已经七天没有下山挑水了，发生了什么事情？"

一禅和尚见二慧登门，赶紧迎了上去，听到二慧的提问，一禅笑着说："来来来，二慧兄，我带你去后院看看。"

原来，后院有一口很深很深的水井，一禅和尚指着这口井说："这五年来，我每天做完功课，都会抽空挖井，当时我想，以后我年纪大了，不能总是天天下山挑水。如今，我终于挖出了井水，也就不必再下山挑水了，我可以腾出时间来，做更多我喜欢做的事了！"

实际上，在现实生活中，很多人都在日复一日辛勤挑水，他们辛苦工作，每天"挑"着自己的薪水回家。月复一月、年复一年，最终还是像二慧一样每日"挑水"。其实，谁都不愿意辛苦"挑水"一辈子，但是像一禅一样，在每天下班之后，不辞辛劳挖一口属于自己的"井"的有心人，实在是少之又少。

下班之后挖的这口"井"，就是理财之"井"。

工薪族的薪水，好比一禅和二慧每日挑上山的水，挑得再多，也就那么一桶，即便是每日省吃俭用，存下一些"水"，但是不管你留存了多少"水"，最后也会随着时间的流逝、物价的上涨、不断的取用而逐渐减少，乃至用光。而理财之"井"，就是一禅挖下的那口深井，虽然在最初的岁月里，你需要花费很多的时间和精力，并且可能始终看不到"井水"，然而，只要"井"挖得够深够广，总有一天，你会看见井水喷涌。哪一天看见"井水"并不重要，重要的是一旦"井水"涌出，就是永不枯竭的水源，你就再也不必辛苦下山去"挑水"了。

现实生活中，很多人只注重薪水高低，特别是年轻人，动辄比较薪水，事实上，薪水不代表全部。你现在拥有较高的薪水，并不意味着你会永远拥有较高的薪水；你现在衣食无忧，并不代表你将来会生活富足。尤其是在失业时、退休后，你没有薪水了，但你还要继续生活，你该怎么办呢？所以，在每日"挑水"的同时，一定要花点工夫去理财，倾尽全力挖出一口理财之"井"，才能确保未来的日子里大大有"水"喝。

想要挖出一口天天有“水”喝的井，一定要做好理财：合理控制消费、形成勤俭节约的好习惯、积极储蓄与投资，一步步积累财富。薪水并不代表人生的全部，理财才会有更好的生活。人生的全部是：有心仪的工作、有理财的目标、有幸福的家庭、有美满的婚姻，最终老有所养、老有所依、吃穿无忧、生活富足。薪水不代表全部，人生不仅要天天“挑水”，还要天天“挖井”，天天“打坐”，天天“修行”，天天快乐……

第六节　理财不是拜金，理好“才”才能理好“财”

理财理的是“金钱”，却不是一味地崇拜金钱。

上海的陈先生有房有车，还有一份非常不错的工作，年收入足以让其跻身“金领”行列。2007年，看到股市行情飞涨，身边的很多朋友因此“意外发财”，陈先生心痒难耐。陈太太劝陈先生少安勿躁，要理财，需从保险和债券等风险较小的投资项目做起，不要贸然投入风险较大的股票市场。然而陈先生却说“钱多不扎手”，硬是动员老婆把100万元的积蓄投入了股市，然后热切地等待“钱生钱”后，“钱带钱”回家。可是世事难料，金融危机席卷全球，股市开始暴跌，上证指数从6000点跌到了4000点。“输红了眼”的陈先生，赶紧东拼西凑了50多万元入市“抄底”，结果又遭遇新一轮的暴跌。最后，手足无措的陈先生章法大乱，在2008年11月全部清仓，所剩资金不到50万元。为此，陈先生大病了一场，整个家庭也陷入了财务危机。

或许许多人认为，陈先生被理财投资害苦了，原本他工作稳定、收入可观，如果不理财不投资，那日子可谓平平稳稳、幸福美满。这可就大错特错了，理财人人需要、家家需要，按照目前的通胀率和银行存款利率，不理财，资产就会明显缩水。祸害陈先生的罪魁祸首，不是理财，而是他盲目的拜金理财观。理财是必要的，却容不得拜金，拜金只会让人盯着钱看，而忽略了理财的稳固性和保值性。

那么，如何才能理好财呢？我们先来看一个故事。

有两个人，他们都是油漆匠，做的是完全相同的工作，但由于两人在知识和智慧上的储备不同，所以他们的收入水平也相差甚远：其中一个平均每小时只能赚12～13美元，而另外一位每小时能赚到200美元。他们技术都不错，而且都总是在忙个不停。那么为什么两人的收入会有如此巨大的差别呢？

第一个油漆匠的做法是这样的：他会完全按照你的交代做事，你告诉他粉刷成什么颜色，他就怎么做。而那位每小时赚200美元的油漆匠的做法则截然不同：他会把你家砖头砌成的墙壁粉刷成大理石般的效果。就这样，对于油漆工作的了解决定了他们的技术水平，而他们的技术水平又最终决定了他们的收入水平。

由此可见，无论是从职业生涯还是从任何领域来说，你的知识和智慧水平都会最终决定你所能达到的层次。理财同样如此，不仅需要基本的理财知识，更要掌握理财技巧与本领。因此，要理好财，先要理好“才”。

首先，理财的基本知识是理财者都需要事先掌握的，包括什么是理财，理财的目的与规划，各种基金、股票、债券等专业知识的了解与熟识，等等。你可以从翻阅理财规划的书籍及杂志着手，或上网浏览有关理财网页，以掌握更多知识。一旦开始实行理财计划，你可先征询各相关人士对理财工具的意见，包括单位信托代理员、保险代理员、证券经纪、专业遗嘱缮写员等。如果一窍不通便冒冒失失地进入理财市场，就会像故事中的陈先生，只能“生人被财欺”了。

其次，掌握理财的技巧。理财知识是大家的入门课，而理财技巧的学习就是理财课的提高班。中国有几亿理财者，想要脱颖而出，争得一份收益，就要在理财的过程中，慢慢总结理财技巧与高招。比如“不要将鸡蛋放进一个篮子里”、“如何避免投资风险”、“基金定投的三大原则”等，另外配合一些理财过程中的好习惯，能使理财的效果更显著，比如开源节流，养成记账的好习惯……这些都是大家理财的必备技巧。当然，大家不仅需要借鉴“前人”的经验，更要总结自己的经验，因为各人不同，每个人的理财需求也不同，毕竟适合自己的才是最棒的。掌握理财技巧的功能在于，让你理财更轻松。

最后，提高自己的赚钱能力。理财本领越高，赚钱的能力自然越大。大家想要理好财不能仅限于规规矩矩、小打小闹偶尔大闹的理财格局，还要眼观六路，耳听八方，将自己的聪明才智用于理财，将之发挥得更充分。平时，多注意收集各种理财信息，敢于尝试新的理财产品。不跟着大家一起哄投，而是时刻保持冷静的头脑，学会分析理财市场，配置自己的资产；此外，想要理好财，赚更多的钱，并不仅限于理财投资市场，大家可以拿着理财“赚”来的钱去创业，去投资别的领域，这样才算是真正地理好了“才”，也理好了“财”。

第七节　奢侈是致富最大的敌人

希腊有句古语：知足是天然的财富，奢侈是人为的贫困。所以，奢侈是致富最大的敌人。正如英国作家狄更斯的小说《大卫·科波菲尔》中的“米考伯先生”所说：“一个人，如果每年收入 20 镑，却花掉 20 镑 6 便士，那将是一件最令人痛苦的事情。反之，如果他每年收入 20 镑，却只花掉 19 英镑 6 便士，那是一件最令人高兴的事。”

这个世界上，其实有很多人可以成为富人，或者曾经成为富人，就因为奢侈，最终成了穷人。

1995 年，英国 60 岁的男子迈克尔·安托努西通过购买彩票，中了 280 万英镑大奖。自此，迈克尔抛弃了古董家具经销商的工作，过起了“花花公子”式的奢侈生活。

迈克尔先花 75 万英镑购买了一座豪宅，又花 25 万英镑购买了一套海景公寓。在全面升级了自己的住宿条件之后，又花 8 万英镑购买了两辆奔驰轿车，花 20 万英镑购买了一艘 6 米长的汽艇，花 2.5 英镑购置了许多名牌服装。在这些都置办妥帖之后，他坐着自己的汽艇，开始了豪华奢侈的旅游度假。一路上，迈克尔四处投资，他花 30 万英镑开了一家家具店，花 25 万英镑开了一家流行音乐录音棚，还出重金投资了一家按摩店、一家酒馆和一家夜总会。

之后，迈克尔又迎娶了一位年轻貌美的模特做妻子，并在巴哈马海滨举办了一个耗资 1 万英镑的婚礼。随后，迈克尔又拿出了 4500 英镑，为娇妻进行了隆胸手术。然而，这段婚姻仅仅维持了三个月，便以失败告终，模特前妻还分走了他一套价值 35 万英镑的豪宅。

婚姻的麻烦刚刚结束，迈克尔就由于一连串的决策失误，而赔尽了所有的投资。家具店、按摩店、酒馆、夜总会、录音棚以及其他几处生意，全都以失败而告终。在中彩 6 年之后，迈克尔就败光了所有的钱，变成了穷光蛋。

这，就是奢侈的结果，它让一个人在短短的 6 年时间里，就败光了 280 万英镑。

而在日常生活中，大家也都或多或少会有些奢侈的“毛病”。比如买了一件新衣服，就要配上相应的裤子、皮鞋，甚至相称的项链、手表、手提包；再比如买了一辆新车，就要配上相称的内饰、坐垫和导航仪……这样的消费是没有穷尽的，就算是一个生活富足之人，以这样的方式去消费，也会很快就散尽万贯家财。

当然，花钱的时候，很少有人会想“我的行为是不是奢侈”，都是一高兴，就打开了钱包，拿出了银行卡！我们不妨做这样一个实验：从现在开始，准备一个小本子，在小本子的每页上都画上表格，记录下每一笔开支。将表格分为三栏，一栏注明生活必需品，一栏注明舒适品，一栏注明奢侈品。一个月后再统计，如果你花在舒适品或者奢侈品上的钱，远远超过花在生活必需品上的钱，就表明你已存在奢侈行为。是别人的眼光而不是自己的眼光毁了我们。如果世上所有的人除了自己都是瞎子，那我们就不必关心什么是漂亮的好衣服、什么是华丽的家具了。所以，奢侈完全没有必要，奢侈是致富最大的敌人。

第八节　享受理财的过程

理财的目的，是财富的增加；财富的增加，是为了生活富足；生活富足，是为了幸福快乐。那么，为什么我们不能从理财就开始幸福快乐的生活之旅呢？如果理财让人感到苦恼、感到枯燥、感到辛劳，那么还有谁愿意去把理财变成一种生活方式，让它陪伴自己一生呢？所以，建立正确的理财观念之后，一定要享受理财的过程。

几只小乌龟聚在一起，谈起了各自的理想。

一只说：“我长大后，一定要出息成一只敏捷的兔子，永远脱去这无比沉重的甲壳！”

一只说：“不，我要做一只大象，把这腹甲和披甲统统封闭起来，建立一个只有我说了算的王国！”

一只说：“我要变成一条美丽的小金鱼，彻底与我们乌龟家族的丑陋形象决裂！”

这几位宏论大发、滔滔不绝，仿佛他们已经变成了兔子、大象、金鱼似的，只有最小的那只乌龟坐在一边一声不响，大家问它："小弟，你的理想是什么？准备变成什么？"

没想到，这只小乌龟回答说："我只希望自己能够成为一只真正的乌龟，不给我们的先辈丢脸。"

其实，在我们理财的过程中，持有的心态，不外乎就是这些乌龟的心态。

大谈"未来理想"的小乌龟，完全没有意识到，他们为自己订立的理想，太高太功利，以至于实现的可能性几乎等于零。

许多理财者，抱着发财的目的找到理财师，希望理财师给指点一条发财之路。也曾有人拿着好烟好酒登门造访传说中的"股神"，希望能够获知致富的秘籍。他们的问题只有一个："这个世界上有没有稳赚不赔、迅速发财的致富秘籍？"其实，世间安得双全法，不负如来不负卿，如果真的有又省力又挣钱的妙招，大家还干吗奔波忙碌，还干吗研究理财？所以，设定理财目标，切忌好高骛远。不现实的目标只会让理财者迷茫无望，感受不到理财的成就和乐趣。

所以，只有像最后那只小乌龟一样，渴望做"真正的自己"，用理财充实自己、锻炼自己、成就自己，通过理财积累财富、体验快乐、感受成长，才能真正享受理财人生。因此，理财切忌不切实际、好大喜功，享受理财的过程，就是财富带给我们的最大的乐趣。

当然，理财之路注定不会一帆风顺，成功和失败都会潜伏在沿途，在理财的过程中，要像小乌龟一样坚定信心，学会享受沿途的酸甜苦辣，学会享受理财的起起落落。

理财不仅仅是为了赚钱，股神巴菲特富可敌国，他已跻身世界首富前三位，为何还要坚持理财？难道只是为了赚取更多的钱？当然不是，如果我们细心观察，便会发现，越是会赚钱的富人，就越"沉迷"于理财。因为理财的过程，就是自我成长、自我实现的过程；因为理财的快乐，远比通过其他方式赚钱更让人感到愉悦。著名作家史铁生曾经这样说："生命的意义就在于你能够创造这过程的美好与精彩，生命的价值就在于你能够镇静而又激动地欣赏这过程的美丽与悲壮。"所以，享受理财的过程，才是理财生活的真谛。

只要用心理财，在理财的各个阶段会享受到快乐和幸福。

在理财的初级阶段，学习理财知识、掌握理财技巧，能够让我们的生活水平略有提高，能够让我们体会到"巧理财、妙当家"的理财乐趣。而在理财的中级阶段，我们付出的心血得到回报时，我们总结的经验得到验证时，成功的喜悦必然爬上心头，理财的成就让我们自信满满。到了理财的高级阶段，那种理财的成就感，就是生活中最完美的享受。通过理财，带给了家庭成员物质享受；通过理财，自身获得了精神胜利。美哉，理财成功；壮哉，财富满仓！

第九节　勇往直"钱"：大家一起向"钱"冲

生活中有一些人，不敢理财不敢投资，他们怕失败，怕赔本。难道理财成功就能进天堂，理财失败就要进地狱？没有这么严重吧。所以，千万别给自己那么大的压力，千万给自己足够的勇气。勇气就是资本，谁能断言你的人生只能平平淡淡，谁能保证你不是下一个千万富翁、亿万富翁？"钱"途掌握在自己手里！勇往直"钱"，带领全家人，一起向"钱"冲。

古时候，有一个穷书生，意外收获了一大笔钱财，为了安全起见，穷书生把这笔钱财埋到了自家后院。从那以后，穷书生不再教书，没钱了就从后院挖出一些。因为担心这笔钱财的安全，穷书生天天守在自家后院不出门；因为怕被人偷，穷书生每天傍晚都把钱挖出来看看是不是少了。日子久了，穷书生的古怪行为被一个盗墓贼看在眼里，盗墓贼断定后院必定有宝贝，于是在一个月黑风高之夜，把钱财盗走了。

穷书生发现钱财不翼而飞，捶胸顿足、痛不欲生。邻居听见穷书生在后院哭泣，便来询问，穷书生哭丧着脸说出了缘由。

“原来如此，那你干吗要把钱财埋在后院，你可以放在屋里啊?”邻居问道。

穷书生答道：“我不放心呀，我担心放在屋里被偷。”

邻居接着说：“那你可以存在钱庄放贷啊，没必要藏在后院。”

穷书生沮丧地回答：“我怕钱庄老板拿了我的钱跑了，我想要时时刻刻守着这笔钱财!”

邻居笑了：“越担心失去的东西反而越容易失去！再说，这么一笔钱财，也不够你花一辈子啊，与其日夜守着它，不如用它获得更多的钱财!”

穷书生的故事告诉我们：拥有财富而不能使其增值，是最愚蠢的占有！死守着钱财而不去使用，和没有钱财的穷人无甚区别。不仅如此，拥有钱财不去使用、不去投资，还徒添了守财的烦恼!

现实生活中，许多人都拥有或多或少的财富，然而很多人却宁愿选择守财，也不敢投入理财，他们怕风险，他们怕亏损，他们宁愿像穷秀才一样提心吊胆地守财，也不愿意勇敢地理财。

理财并不像很多人想象的那么复杂，那么麻烦，那么危险，从点滴做起，从小钱开始理财，勇往直“钱”，就能找到无限的“钱”程。

任何一种投资，都会有风险；再保险的理财策略，也会有万一。与其杞人忧天，举步不前，不如勇往直前。要想理财成功，其实很简单，就像每天坚持做一个俯卧撑一样简单，只要有勇气有力量，就能够收获财富。

当然，要想真正地理财成功，不仅要有“勇”，还要有“谋”。树立了正确的理财观念之后，还必须掌握正确的理财方法。

首先，要了解自己的资产和收支。清楚自己银行有多少存款，口袋里有多少钱；每天、每月、每年能赚多少钱，要花多少钱；自己有没有贷款，有没有外债。只有盘点清楚自己的资产和收支，才能对自己的财务状况做出综合正确的评定。

其次，根据自己的财务状况，制定出合理有效的理财目标。理财目标应该分为短期目标、长期目标与最终目标。将所有的目标罗列在一张纸上，再对这些目标按重要性进行分类，把主要精力放在最重要的目标上。

再次，选择各种理财手段。理财应该从储蓄入手，在投资中谋求回报。选择理财手段以稳健为主旨，建议从投资保险、基金等稳定性理财项目起步，打牢理财的基础。当财富积累到一定程度后，再选择股票、期货等风险投资项目。

最后，牢记安全投资，积极规避风险。在投资理财产品时，千万不能急功近利。很多理财者之所以投资失败，就是被一些表面高涨的投资项目所吸引，盲目投资。高收益就意味着高风险，投资之前，一定要做好规避风险的工作。建议先分析自己的风险承受能力，认清自己要做的投资类型，然后根据自身条件进行投资组合，让自己的资产在保证安全的前提下，最大限度地发挥保值、增值的效用。

第七章

用升值来对抗贬值

第一节 不断充电，长久升值

在一个大型钟表厂，有一个资历深厚的工人，他在钟表厂兢兢业业地干了十几年。其间，主要任务就是在生产线上给手表装配零件。几乎每年，这个工人都凭着细心的工作和娴熟的技术，被工厂评为“优秀员工”。但是，随着技术的发展，机器安装配件已成为主导，这家公司也引进了最先进的机器，拥有了电脑操作的自动化生产线。于是，这位优秀员工不得不下岗了，然而，让这位优秀员工颇感不公的是，有些平日里非常“懒惰”的职工，却被公司留了下来。他找到厂长，抱怨不公。厂长先是充分肯定了他过去十几年的工作态度和工作成绩，然后非常惋惜地对他说：“引进新设备的计划，我在几年前就告诉你了，目的就是想让你有个思想准备，尽早学习新技术和新设备的操作方法。其实我不仅没有打算让你走，而且还打算对你委以重任。只可惜，你从来不肯跟年轻人一样，坐下来学习新设备的操作方法，还认定用机器代替人工是偷懒的行为，如今，你的技术在新的生产线上已无用武之地了。”

古人云：活到老，学到老。人不仅在幼年、少年的时候需要学习，到了青年、中年，甚至老年，也需要不断地学习。人们常说：居安更要思危，只有不断充电，长久保持同社会和时代同步，才不会贬值。

大哲学家苏格拉底曾经说过：“我唯一知道的一件事情，就是我自己什么也不知道!”只有永葆这样的心态，才能像海绵一样，不断吸水、不断学习，最终迈向成功，成就自己。《礼记·学记》中这样说：“学然后知不足。”意思就是说，只有学习之后，才能知道自己的不足，所以，不管我们身处何地，如何忙碌，都要不断学习，才能永不贬值，才能长久升值。

美国某建筑工程公司的执行经理奥利勒，就是通过不断地学习，实现个人的价值，保持长久的升值。奥利勒最初只是一名普通的送货工。一个偶然的机会，奥利勒被堪斯亚一支建筑队招去做送水工，他和别的送水工不一样，在送完水后，他既不和别的送水工一起打牌赌钱，也不躲在角落里怨天尤人，而是喜欢在空闲的时间里，主动去给正在休息的工人们倒水，跟工人们聊天，听他们讲述建筑工地的各项工作。与众不同的奥利勒，引起了建筑队长的注意。正好，建筑工地缺少一名计时员，于是建筑队长就找到了奥利勒。在成为建筑队的计时员之后，奥利勒依旧像以前一样，经常向技术工人们请教各种问题。渐渐地，他了解了建筑工地上的所有工作程序和工作技能，从打地基、垒砖到抹水泥，无不精通。渐渐地，奥利勒成了建筑队的“百事通”，工人们开始征求他的意见，寻求他的帮助。凭着勤奋好学，奥利勒逐渐成了工地上不可或缺的一个。后来，奥利勒报名参加了一所大学的建筑系的培训班，通过专业的学习，丰富了自己的知识。经过多年的实践学习和专业学习，最终，奥利勒成为建筑工程公司的执行经理。

人生本身就是一个不断学习的过程，没有谁是天生的成功者，我们只有不断地学习、不断地给自己充电，才能够一步步靠近成功。

学习很重要，这一点，很多人都明白，但是不少人却总是以这样那样的理由为借口，不去学习，不去充电。其中最常见的一个借口是：我太忙了。事实上，真的有那么“忙”吗？一天 24 个小时，8 个小时上班，8 个小时睡觉，剩下的8个小时去了哪里？时间不是挤出来的，是规划出来的，只要规划好，充电的时间总是有的。现在，有很多“穷忙族”，越忙越穷，越穷越忙，事实上，他们不是没有时间学习，也不是真的忙，而是没有规划好自己的时间，没有规划好自己的生活。安排好自己的时间，给自己制定规范的作息制度，为自己确立一个长久的学习目标，只有这样，你才能真的学有所成，才能不断充电，长久升值。

第二节　量变引起质变，日积月累终会升值

“成功”是一个耀眼的字眼，无时无刻不闪耀着光芒。

有一位世界著名的保险推销大师，在即将告别自己的职业生涯之际，开了一个告别大会，邀请了保险界的数千位精英前来参加。当许多人问起他推销的秘诀时，大师微笑着不予回答。这时，全场的灯光暗淡下来，只有一柱光线，打向舞台的中心。从后台走出四名彪形大汉，他们抬上来一个大铁架子，铁架子上，悬挂着一只大铁球。在场的人都觉得丈二和尚摸不着头脑，只见那位保险推销大师走近铁架，用一把小锤子，轻轻地敲了一下铁球，铁球没有动。隔了几秒钟，保险推销大师又敲了一下，铁球还是没有动。接下来，推销大师每隔五秒就敲一下铁球，持续不断，然而铁球始终没动。台下的人群开始骚动，大家都觉得大师真的是老糊涂了。有些人陆续离场，然而大师却还是一言不发，静静地敲打着硕大的铁球。台下的人越走越多，由最初的几千人，渐渐变成了几百人。然而，奇迹发生了！大铁球竟然在大师持续不

断的敲击下，开始慢慢地晃动了！50分钟以后，谁也不能阻止铁球的大幅摇晃了！最后，大师笑着对台下剩余的几百名观众说："成功就是简单的事情重复去做，以这种持久的毅力，每天进步一点点，最终，当成功来临的时候，挡都挡不住。"

罗马不是一天建成的，量变终会引起质变，日积月累，终会成功。曾经有人问一个亿万富翁说："你是怎样成为亿万富翁的？""一元钱一元钱地挣钱，最后挣到一亿万元。"问话的人惊叹不已："那岂不是要挣很久？""是啊！"亿万富翁答道，"一元一元地挣，当你挣到第一亿万个一元的时候，你就会变成亿万富翁。"的确，挣一元钱并不难，难的是如何坚持一亿万次。世界上所有伟大的事业，都是由一系列微不足道的小事积累而成的。做成一件事并不难，难的是坚持不懈做无数个小事，当这些小事累计到一定程度后，量变引起质变，你的价值就会凸显，你就会成功。前几年央视热播的电视连续剧《士兵突击》中的许三多，就是在完成很多的小事后，成就了自己的梦想和成功。当他铺路的时候，并不知道会有怎样的成功和收获在等待着自己，他只是遵循着一个信念：无论任何时候，都要做有意义的事。所以，在许三多眼里，事情没有大小之分，只要有意义就去做，而且每天去做，不放弃，不抛弃。许三多的升值，就是在日积月累中实现的。

一只新组装的小闹钟，被摆到了一只旧钟表的旁边。

旧钟表对小闹钟说："欢迎开始工作。"

小闹钟好奇地提问："我的工作多吗？我一年要走多少次啊？"

旧钟表回答："三千一百多万次。"

小闹钟吃惊地说："天哪！一年就要走这么多，那我一辈子要走多少次啊？这么重大的工作，我怕是做不了。"

旧钟表笑着回答："没什么大不了的，你只要每秒钟滴答一下就可以了。"

小闹钟疑惑地问："真的这么简单？"

旧钟表认真地点点头。

小闹钟将信将疑，说："如果真的这么简单，那我就试试吧！"

小闹钟开始一步步地往前走，"滴答滴答"，不知不觉，一年的时间过去了，小闹钟很高兴，因为它完成任务了。而新的一年，将是更好的一年，它的任务，将这样"滴答滴答"地完成。

其实我们的生活，就像小闹钟，只要滴答滴答向前，就能够不断地积累，积累一年、两年、三年，量变引起质变，就能够一步步地靠近成功。

世界著名大提琴手巴布罗·卡沙斯，在取得举世公认的艺术家头衔之后，依然每天坚持练琴6小时，养成了"实践再实践"的良好习惯。记者问他："既然技术这么高了，为什么还要练琴？"他的回答很简单："我就是通过练习的量变达到技巧上的质变的。"

爱迪生75岁时，还每天准时到实验室里签到上班。有个记者问他："你打算什么时候退休？"爱迪生装出一副十分为难的样子说："糟糕，这个问题我活到现在还没来得及考虑呢！"爱迪生活了84岁，一生的发明有1100多项，对自己成功的原因，他曾这么说："有些人以为我之所以在许多事情上有成就，是因为我有什么'天才'，这是不正确的。无论哪个头脑清楚的人，只要他肯努力实践，都能像我一样有成就。"

量变是事物在数量上的增加或减少，量变的特征是一种逐渐的、连续性的、不显著的变化，是事物在发展过程中相对静止状态的变化。而在实践的过程中，量变因其不显著，很容易被忽略，很容易被遗忘。这就是为什么有人说，通往成功的道路都是寂寞的，因为量变的过程总是缓慢的，在尚未达到质变的积累阶段，很难看到成绩。而只有通过量变的积累，才能够达到质变，所以，要想迈向成功，就必须经历量变到质变的过程，从量变到质变，通过实践迈向成功。

第三节　挖掘自己的特长并将它发挥到极致

创立于1935年的盖洛普公司是全球知名的民意测验和商业调查咨询公司，他们调查了全球400余家跨国公司、超过8万名职业经理人，发现世界顶级管理者有一个共同的特点：一招鲜，吃遍天。盖洛普将它总结为：没有人是全能的，取长不一定能补短。成功的人只是比他人更懂得强化自己的优点并将它发挥到极致，善于管理和利用好自己的优势。

面面俱到很难做到出类拔萃，这个道理很多人都懂，所以很多时候，全面发展还不如毕其功于一役。以微软为例，微软的员工很少有全才，相反，他们更多的是“专才”、“偏才”；但是正是这些专才和偏才造就了微软今天的辉煌。微软的员工懂得将自身的优势最大化，“才尽其用”，发挥最大作用，获取最大效益。每个人的优势最大化，就会为企业带来最佳效益，也为个人奠定了成功的基础。

泰格·伍兹是高尔夫球界的传奇巨星，他在孩童时就表现出了非凡的天赋：3岁时打出令人叹为观止的9洞48杆，5岁登上《高尔夫文摘》杂志，18岁成为最年轻的美国业余比赛冠军。1999年年末，他正式登上高尔夫球世界排名第一的王座，2005年高尔夫球王者尼克劳斯宣布退役，伍兹更是成了当今世界高尔夫球界理所应当的王者。多年来，泰格·伍兹在高尔夫球场上叱咤风云，集世界体坛首富、高尔夫球世界头号球星等美誉于一身，很多人都认为伍兹打高尔夫球的技术已经登峰造极毫无缺陷，但事实并非如此，伍兹的沙地开球一直是他的弱项。按照我们多数人“什么弱就补什么”的观念，他和他的教练理应花大力气提高他在沙地上打球的技能。然而，出人意料的是，伍兹和他的教练采取了截然相反的策略——他们只花一小部分时间在这一弱项上，为的是他在沙地上的成绩提升到一般水准，不致拖太多后腿。他们将剩下的练习时间全都投入伍兹的强项上，让他的优势更加凸显。

我们从小就被老师家长要求，不能偏科，要全面发展；上班之后，我们被上司要求，必须任何方面都要懂一些，兵来将挡水来土掩……我们在别人的要求中不断地找平衡点，越来越怕自己的短处被别人看穿，于是不顾一切地去弥补，却忽视了自己原有的长处，更没有花力气去壮大它。其实我们若能集中精力把某一项做精、学专，更容易成为某一领域的专家。倘若我们换个思维，将弥补短板的那些时间和精力用于本身喜欢的、擅长的地方，这是不是能够达到事半功倍的效果呢？结果可能大不一样，我们要专心致志于你最喜欢的，将其变成你的强项，让你变得更加强大，因为这可能就是你今后立足于这个社会的根本。

挖掘自己的特长并将它发挥至极致，很多人会对这句话的理解产生误差。有的人甚至会理解成取长补短这句话的本意是扬长避短。通常我们认为扬长避短与取长补短的意思是一样的，但扬长避短旨在“扬长”，取长补短重在“补短”。“扬长”是突出自己的优点并不断强化它，“避短”则是不断补自己的短板，当你补齐时，别人可能早已超出你一大截。同样的时间、精力用于“扬长”，可能有事半功倍之效，而用于“补短”则可能事倍功半。如何取舍？这需要我们换一种思路。

有人问世界著名魔术师大卫·科波菲尔是怎么成功的，大卫·科波菲尔说：成功对我们来说好比是个固定的车站，我们在为怎么到达而绞尽脑汁，大家都在争抢汽车上的座位，没有得到座位的人不得不等下一班汽车，可是，为什么我们不能骑马或者乘轮船去车站呢？这样，我们不是也到达了吗？只不过我们换了一种方式。事实上，少年时代的大卫·科波菲尔被老师和同学认为是白痴，因为他每次考试都是倒数第几名，任他怎么努力，学业还是毫无进步。一次偶然的机会，他接触到魔术，并对它产生了浓厚的兴趣。于是他便开始学习魔术。事实证明，在魔术方面科波菲尔具有很高的悟性和超强的学习能力，他能在原有基础上不断创新，以至于在短短的两年时间就换了四个魔术老师。

股神巴菲特曾经说过："生活的关键在于要给自己准确定位。"他非常推崇IBM公司创始人托马斯·沃特森爵士的成功原则——我并非天才，只是在某些方面我比较聪明，我的成功在于我只专注于这些方面，并不断努力。

巴菲特从小有一个好友叫丹利，丹利喜欢动手做技术活，什么机械坏了到他手里都能修好。而巴菲特却不然，他十分反感动手，他只喜欢读书，高中毕业前，巴菲特已经读了100多本商业投资书籍。巴菲特非常佩服丹利的手巧，丹利也佩服巴菲特的心灵。有一次，巴菲特让丹利报出20个两位数让他心算总和是多少。丹利自己用笔在纸上边写边算，巴菲特很快报出答案。过了一会儿，丹利才用笔算出结果，一对照结果，巴菲特心算准确无误。从高中到大学，两人互相敬佩，又默契合作。大学毕业后，巴菲特和丹利发挥各自的特长，后来都很成功。丹利发挥手巧的特长，成为一家公司的技术总监。巴菲特发挥心灵的特长，后来成为投资大师。

如果让巴菲特做技术，丹利做投资，两个人可能都不会成功。人各有短长，没有人能够做到招招鲜。看看世界杯足球比赛，从来没有一个球员什么位置都能踢。每一个国家的球队，都是把各个位置上踢得最好的球员召集进来，每个队员都有一招鲜，没有一个人是招招鲜。我们看看所有成功的人士，都是发挥个人的爱好和特长，专精于某一领域，最终做到别人难以达到的境界，才有大成。特长，一定要做到特别擅长，才能称得上是真正的特长。爱因斯坦少年时功课平平，不被老师喜欢，教他希腊文和拉丁文的老师还公开骂他长大后肯定不成器。但他对数学、几何和物理有着浓厚的兴趣，最后凭借在这方面的优势和努力，最终成为伟大的物理学家。

金无足赤、人无完人，每一个人都有自己的优点和缺点，我们应该辩证地看待。只顾想尽办法提高短板，结果可能耗费大量时间、精力依然收效甚微。世界知名心理学家克利夫顿曾说：判断一个人是不是成功，最主要是看他是否最大限度地发挥了自己的优势。我们没有必要想方设法把自己的弱点转化成优势，我们为弥补弱点而忙碌远不及为了优势而忙碌所获得的认可和回报多。这就好比玩扑克牌，能让我们赢牌的，其实是我们手中的王牌。在职场中，能让我们脱颖而出的，同样是我们手中的工牌
自身所拥有的独特的优势。工程师不识简谱，或者画家背不全九九表，那又何妨?

第四节 向生活妥协，就是另一种贬值

弱者向生活妥协，强者向生活挑战。弱者只有千难万难，勇者则能披荆斩棘。向生活妥协，本身就是一种贬值。

巴尔扎克曾经说过：“挫折就像一块石头，对于弱者来说是绊脚石，让你却步不前；对于强者来说却是垫脚石，使你站得更高。”面对挫折，我们要保持积极乐观的心态，从挫折中找寻经验教训，然后勇敢地面对挫折，你就一定能战胜挫折。绝不能妥协，也不能逃避。

有这样一个寓言故事。

曾经有一条名叫苦难的河，常年惊涛骇浪、水流湍急、深不见底。河的南北两岸落差巨大，北岸土壤干涸，荒无人烟，只有两兄弟居住。这对兄弟父母早亡，相依为命。哥哥名叫强者，身强力壮、敢于冒险，善于和猛兽搏斗。弟弟名叫弱者，胆小如鼠、体弱多病，整日里唯唯诺诺、疑神疑鬼、好逸恶劳。南岸风光秀美，土地富庶，被人称为幸福城，里面的人们丰衣足食，生活美满。

有一天，弱者战战兢兢地蹲在苦难河前，无比憧憬地望着对岸的幸福城。强者看出弱者想去幸福城过舒服的生活，就对弱者说："不如我们一起努力，跨过苦难河，到幸福城过好日子去吧。"弱者喜出望外，忙问道："你说的是真的吗?"强者笑着说："当然是真的啊，到时候我们会有大房子和好多吃的，再也不用担心猛兽的袭击了。"弱者拍手说道："那我们现在就过河吧。"强者说："不行，我们必须先造一只船才能过河，我们一起去砍一棵大树来造船吧。"

强者进屋取出两把斧子，递给弱者一把。弱者不情愿地摇头说道："不行不行，树林里有毒蛇猛兽，我怕。再说，我也没力气，砍不动，我不去了。"说完就跑回屋子关上了门，任凭强者怎么喊他，他就是不出来。强者叹了口气，径自走进树林，他找到一棵粗大的树，独自砍了起来，花了一天的工夫，强者终于砍倒了大树，将其拖回了家。

弱者看到强者拖回的大树，喜悦之情溢于言表，他兴奋地说："哥，我们马上就能过上好日子了。"强者欣慰地说："是啊，只要把船造起来就可以了，来，帮哥哥修理一下树枝。"弱者连声附和地说："好，好。"便拿起斧子开始砍树枝，才砍了几下，弱者便撑着腰直喊腰疼，然后扔下斧子，喘着粗气说："太难了，我不干了。"强者看了看弟弟，无奈地摇了摇头，抡起斧头独自干了起来。

强者挥汗如雨，拼命造船，任凭飞起的木屑打在脸上，任凭咸咸的汗水流入眼睛里，也绝不懈怠，绝不停息。而弱者则满脸畏惧，远远地躲着，生怕木屑飞到自己身上，生怕哥哥又喊自己去卖力。

强者披星戴月连夜赶工，终于造好了一只船。强者对弱者说："弟弟，船造好了，咱们赶紧上船去对岸，去过好日子吧。"弱者开心极了，小心翼翼地爬上船。刚坐稳，一个大浪就扑了过来，船摇了一下，弱者吓得脸都绿了，双手死死地抓住船舷大叫："船要翻了，我不去了，我要回家。"强者极力劝说弱者，可是弱者怎么都不听劝，强者只好放他下了船。强者说服不了弱者，便给弱者留下了很多干粮，然后自己划着船向苦难河对面的幸福城出发了。苦难河的凶险没有吓倒强者，经过九死一生的努力，最终，强者成功地抵达了幸福城。

在幸福城，强者通过自己的努力，拥有了大房子和马车，还有无数的锦衣玉食。他买了一艘大船，决定到对岸把弟弟接过来。没想到，弱者吃完了强者留给他的干粮后，没有勇气出去寻找食物，已活活饿死在家中了。

在现实生活中，无论是谁，都要面对苦难河，有勇气和决心跨越苦难河的人最后无疑都会成为生活的强者，过上自己想过的生活；而整日战战兢兢、瞻前顾后、胆小怕事、不断妥协的人，则会一辈子浸泡在苦难的河水里，望着别人的幸福扼腕叹息。

有一副对联说："没有比脚更长的路，没有比人更高的山。"走多长的路，爬多高的山，取决于你的脚，更取决于你的心。

美国有一名女主持人，名叫莎莉·拉斐尔，她在成名之前，曾经被电台辞退了 18 次，平均每年都被辞退 1 ~ 2 次。最后，一家电台雇用了她，却要求她主持政治类节目。在那之前，拉斐尔对政治一无所知，为了胜任这项工作，她迅速"恶补"政治知识。终于，她主持的节目开播了，就是这个看似困难百倍的栏目，让她一夜成名。后来，莎莉·拉斐尔这样对听众说："有些时候，我认为我这辈子完了，但我还是相信，上帝只掌握了命运的一半，我手中还掌握着命运的另一半，我越努力，机会就会越多，终有一天，我会赢了上帝。”

只有那些从不妥协的人，才能收获成功。毛泽东主席曾说过“人定胜天”，人的命运真的只掌握在自己的手里。伟大的思想家伏尔泰说过：“如果你能改变一只苍蝇的命运，就没有什么能阻挡你创造所有其他苍蝇、所有其他动物、所有人和所有自然的命运。当一切都做了以后，你就会发现，你自己比上帝更强大。”他还说过：“如果我们明智的话，就不会相信命运有神力，是我们让命运成了女神，并把她放在了天堂。”美国著名女作家海伦·凯勒，就从来没有向命运妥协过，在集盲、聋、哑三重残疾于一身的一生中，她从没有绝望过，她克服重重困难，战胜了命运，铸就了自己辉煌的一生。

人生的道路漫长而曲折，当我们行走在这条路上时，接二连三的困难、挫折，会不止一次地让我们产生疑虑：这条路到底如何走下去？当我们被人生的磨难一次次击倒时，自然会感到挫败，感到无奈，然而，我们绝不能向生活妥协。人生就像登山，当我们克服重重困难，走上山顶，眺望远处，一览众山小的时候，才会真正理解坚强的含义，理解人生的意义。生活不是用来妥协的，命运是用来征服的，要想让自己不贬值，就绝不要向生活妥协！

第五节　提高想象力，才容易升值

有一个非常有趣的故事。

有一条蜈蚣，可以用它那一百多条腿跳出非常美妙的舞蹈。每次它跳舞，森林中所有的动物都会跑来观赏，大家对它那美妙的舞姿都很欣赏。唯独有一只乌龟不喜欢看蜈蚣跳舞，或许是出于嫉妒，乌龟制订了一个恶毒的计划，给蜈蚣写了一封信，说："噢！伟大的蜈蚣啊，我对你精湛的舞艺真是佩服极了。我很想知道你是怎么跳的，你是不是先举起你的第二十八号左脚再举起你的三十号右脚？还是先举起你的第十七号左脚，再举起你的第四十四号右脚？我热切期待你的回信，崇拜你的乌龟敬上。"

蜈蚣读了信后，马上开始思索自己是怎么跳的。自己到底是先举起哪一只脚？然后再举起哪一只脚？从此蜈蚣再不会跳舞了。

这正是一个理性思考扼杀了想象力的例子，无独有偶，2010 年 11 月 24 日，《重庆晚报》报道了如下一则消息：

根据国际评估组织对全球 21 个国家进行的调查显示，在全球受调查的 21 个国家中，中国孩子的计算能力排名第一，想象力排名倒数第一，创造力排名倒数第五。此外，在中国的中小学生中，认为自己有好奇心和想象力的只占 4.7%，而希望培养想象力和创造力的只占 14.9%。

上海东方卫视主持人曹可凡采访法国著名女演员朱丽叶·比诺什时问她："您为什么能够精通演戏、跳舞、绘画等这么多艺术门类？"朱丽叶十分诧异地说："这很正常啊，我们小的时候什么都想做，在我们的心里没有疆界，为什么长大后就会有疆界了呢？"然后朱丽叶反问曹可凡："你难道不画画吗？"

其实，朱丽叶·比诺什也没受过什么专业训练，但她不仅能演大型的舞台剧，还在法国开过画展。她之所以会取得这么多的成就，关键就在于她所说的"疆界"这个词，说到底，孩子们内心的疆界不就是想象力吗？

我们小时候都画过太阳，老师通常会教：先画好一个圆圈，然后在它的周围添上代表光芒的短线，最后在圆圈里添上红颜色……这是成人的思维和经验在学生头脑中的再现。在优秀的美术老师那里，他会调动小朋友的想象力，画出各自心中的太阳。有圆的，有扁平的，有红色的，还有绿色的。表面上看，儿童的想象力显得可笑而幼稚，但这对他们思维能力的成长是非常珍贵的。

反观我们的教育，学生们心灵的疆界其实早早就被束缚了，想象力的翅膀也早被剪断。虽然有不少少年天才在各种数学奥数中披荆斩棘、摘金夺银，虽然在世界知名高校进研究所读博士的中国学生也是全世界最多的。但遗憾的是，迄今为止我们没有任何一个中国籍的科学家拿下过令人渴慕的诺贝尔物理、化学奖，也没有新的四大发明出现。

黑格尔说过：想象是艺术创造中最杰出的艺术本领。歌德母亲教育孩子的经验就很值得我们借鉴，她讲故事的方法很独特，总是讲到一半的时候就停下来，余下的故事则让小歌德发挥。心理学家认为，这种自由发挥就是发散思维，就是想象力。

马克思曾把想象力称为“十分强烈地促进人类发展的伟大天赋”。爱因斯坦说过：“想象力比知识更重要，因为知识是有限的，而想象力概括着世界上的一切并推动着进步，想象才是知识进化的源泉。爱因斯坦认为，想象力之所以比知识更重要，是因为知识是有限的、相对固定的，而想象力则概括着世界上的一切，从而成为人类知识进化的源泉和科学研究中的实在因素。英国科学家贝弗里奇也指出：“想象力之所以重要，不仅在于引导我们发现新的事实，而且激发我们做出新的努力，因为它使我们看到有可能产生的后果。事实和设想本身是死的东西，是想象力赋予它们生命。”

人类历史发展充分证明了想象力的重要性。古今中外，许多伟大的科学家、发明家、思想家、艺术家都具有丰富的想象力，许多伟大的科学理论和发明创造都萌芽于想象。例如，我国古代哲学典籍《庄子》一书中，许多深刻的哲理是通过想象力丰富的寓言来表达的；波兰天文学家哥白尼在提出“太阳中心说”前，曾想象“太阳坐在宝座上率领着它周围的行星家族”；德国化学家凯库勒在分子结构理论研究中，把原子设想为一条条头尾相连的环形蛇，并由此提出苯分子的环状结构理论；英国物理学家和化学家法拉第想象磁一定能产生电，之后通过9年实验，提出了电磁感应原理，并形成了世界上第一台感应发电机的雏形。而元素周期表、万有引力、场、基因、多维空间等科学理论和科学成果，也都是丰富想象力的结晶。因此，我们在学习时，应当创新学习理念、改进学习方法，既注重获取知识，又注重培养想象力。

爱因斯坦之所以强调“想象力比知识更重要”，并不是否定知识的重要性，而是为了提醒人们要更加重视培养想象力。况且，想象力通常是建立在对人类已有知识成果全面把握和深刻领悟的基础上的。离开了必要的知识积累，想象力往往只能成为“不结果实的花朵”。所以，我们在学习的过程中不能走向另一个极端，一味强调培养想象力，看轻或忽视获取知识，而应努力实现二者的有机统一。

一个缺乏想象力的民族，是一个没有活力的民族，注定只能接受创造力不足，科学、技术、艺术发展匮乏的现实。缺乏想象力就像一个在成长阶段被多补了钙的孩子，青春期的时候看起来很高，可等到别人都长大成人了才发现，自己变成了小矮子。

想象力是一种相当重要的能力，如果没有想象力，人类现在还在过着一种极其原始的生活；如果没有想象力，大千世界将变得黯淡无色。现在你所看到的一切人所制造的东西都包含着想象力，想象力的功劳是无穷大的。想象力是每个人都拥有的财富，你能提出这个问题，就说明你有想象力，如果你不能提出这个问题，你还是拥有想象力，但是你的想象力已经被禁锢了。所以你即使学富五车，有一大肚子的学问和知识，没有了想象力，只能在前人走过的路上徘徊，没有了想象力，就不能在自己擅长的领域开辟新的道路，你所掌握的知识也如同死物，创造不了大价值。

第六节 规划好职业生涯，你才能持续升值

要想让自己升值，就一定要规划好自己的职业生涯。

什么是职业生涯规划？职业生涯规划是指一个人对其一生中所承担职务所经历历程的预期和计划，包括一个人的学习，对一项职业的计划，对一个组织的贡献和关于退休的打算。

职业生涯分为两类，一类是个体职业生涯规划，一类是员工职业生涯规划。个体职业生涯规划，是个人整体的规划，包括学习计划、行业选择和晋升计划。员工职业生涯规划，是个人针对企业、单位的职业生涯规划，包括职位的晋升、部门的确定和对企业贡献的预期。

职业生涯规划的好坏，将影响整个生命的历程，所谓目标决定成败。对于生活质量、职业发展、人际环境、职场晋升的不同规划，必将引导你走上不同的人生道路。

规划职业生涯，需要从以下方面入手。

首先，确定人生目标。如果你的人生目标是周游世界，那么你可能就不适合在某一个固定的单位里做一辈子职员；如果你的人生目标是职场CEO，那么你就会在职场生涯中不断努力，不断进取。不同的人生目标，决定了你在职业生涯中的态度，所以，先确定好人生目标，才能进一步规划职场生涯。

其次，根据自己的喜好和特长，确定可实施的职业方案。如果你喜欢雕塑，那么你可以从美术领域的工作入手，规划自己的职业生涯；如果你喜欢文学，那么你可以从文字编辑的工作入手，规划自己的职业生涯；如果你喜欢美食，那么你可以从厨师之类的工作入手，规划自己的职业生涯。

再次，制定达到理想职业的可行性路线，制定短、中、长期职业进程。把职业生涯规划分解，分别制定短期目标、中期目标和长期目标，然后逐步实施。

最后，阶段性小结、反思自己的职业规划，并不断地对自己的职业生涯设计进行科学的修订。

为什么我们要进行职业生涯规划？

还是让我们先来看一个现实生活中的例子吧。

我的大学同学小海，曾经在毕业辅导课上这样发言："我要在毕业5年后，挣到500万。"如此豪言壮语，让很多同学汗颜。

毕业时，小海同学分配到了机械厂，那是一家国企大厂，业绩优良，产品驰名中外，我们都觉得小海同志前途无量。然而，吃散伙饭的时候，小海却举着酒杯说："在工厂里，要想五年挣到500万，几乎不可能，我决定利用业余时间炒股，你们看吧，我将来就是中国的巴菲特！"

毕业两年后，同学聚会，大家问及小海工作如何，生活如何，小海雄心勃勃："我已经辞职了，工作没有前途，炒股也没有前途，我准备下海经商，创办自己的企业。"

复三年，一天，我竟然在下班回家的路上，看见了小海，他正和一个挺着肚子的青年女子一起，在路边卖衣服。我走过去打招呼，小海讪讪地，问及近况，小海说："女朋友怀孕了，催我结婚，这不，股票没赚钱，公司也赔了，只好想办法做点小买卖，给快出生的孩子赚点奶粉钱。"

小海的经历足以让我们引以为戒，其实，如果小海能够规划好自己的职业生涯，并且坚持下去，不管是一直待在机械厂，还是坚持炒股票，不管是从一毕业就自己创业，还是一直做小生意，只要能够一步步实现自己的短期目标，一步步修正自己的职业规划，就能够一步步获得成功。

有句老话，挖很多口浅井不如挖一口深井，虽然在挖这口深井的过程中，你可能一直看不到水源，但是只要你努力，只要你不断地挖下去，你总能够看到水源，而如果你东一榔头西一棒子，挖了很多口浅井，那么最终的结果可能是，哪口井都没有水。

美国的成功学大师安东尼·罗宾斯，曾经提出过这样一个成功的万能公式：

成功＝明确目标＋详细计划＋马上行动＋检查修正＋坚持到底

从这个公式我们可以看出，要想成功，就要先有明确的目标和详细的计划，也就是要有详细的职业生涯规划。只有选择最适合自己发展的行业和工作，然后确定自己的目标，同时对自己的整个职业生涯进行初步的规划，并且付诸行动，不断努力，经常对自己的目标和计划进行检查修正，坚持到底，才能获得职业生涯的成功，才能让自己持续升值。

第七节　做一名最有价值的员工

并不是每个人都会进入企业，都会成为员工，然而，对于大多数人来说，做一名职员，是职业生涯中不可避免的阶段。那么，既然我们是一名职员，就一定要做一名最有价值的职员，因为只有这样，我们才能够通过单位、公司这个平台，不断地提升自己，让自己不断地升值。

单位与我们的关系，是荣辱与共的，别说现在的企业、单位、公司，大都是私人企业，也别说我们都是打工族，中国有句老话，“大河不满小河干”，每一个人其实都代表着企业的形象，而每一个企业，其实也是每个人的招牌。如果你个人的能力、素质得到了大家的认可，那么你所在的单位或者企业，也会被别人高看一等；而如果你所在的单位业绩卓著，那么你个人也会被人高看一等。所以，做一名最有价值的员工，并不是私营企业主或者单位领导蛊惑人心的话语，而是对个人成长和发展切实有效的方向性指引。

要想成为一名最有价值的员工，就要先提升自身的素质。

一、有责任心

要想做一名最有价值的员工，首先要有责任心，也就是要有基本的职业道德。对工作认真负责，是成为一名合格员工的首要条件。态度比能力更重要，你可以不够专业，但是不可以不够敬业。

有这样一个真实的故事。

在武汉市鄱阳街，有一座1917年修建的6层洋楼，这座名叫“景明楼”的楼宇，在度过了80个春秋后的一天，收到了该楼的设计者——英国一家设计事务所远隔万里寄来的一封信。信中这样说：“景明楼为本所1917年设计，该楼的使用年限为80年，现已超期服役，敬请业主注意。”

还有一个故事。

一个台湾人，在意大利某名牌鞋店买鞋。由于最合脚的尺码已经卖完，所以他选了一双小一号的鞋，但有一点紧。他想，反正鞋穿穿会松的，于是就要掏钱买，没想到售货员却拒绝卖给他，理由是：“我不能将顾客买了会后悔的鞋子卖出去。”

二、有公德心

一个有价值的员工，一定是一个有公德心的人。比如每天走的时候，手拔掉自己所用电脑的电源；每次上完厕所，记得冲水，等等。这些小细节，就像节约用水一样，体现了每个人的公德心。有公德心，是一个有价值的员工的基本素质。

在改革开放初期，中国企业刚开始和外国企业打交道的时候，有一家外国企业要采购中国某企业的产品，外方代表亲自来中国企业采购，然而，就在合同即将订立之时，中方代表随意地吐了一口痰在地上，外方代表因此改变了主意，认定一个连基本的社会公德都不能遵守的企业代表，是不能够认真负责地做出产品、完成合同任务的。

三、有忍耐力

杰克·法里斯是全美企业联盟主席，从13岁时，他就开始在父母的加油站工作，他原本想学修车，但父母却让他在前台接待顾客。他的工作很简单，当有汽车开进来时，在车子停稳前，就站到车门前，然后在车子停稳后，帮着去检查车子，等车子清理完毕，他要再一次站到车门前，听取客人的反馈意见。

有段时间，有一位老太太每周都开着她的车来清洗和打蜡。老太太的车已经很旧了，显然开了很长时间，车内地板凹凸不平，非常难打扫。而且，这位老太太非常挑剔，不好打交道。每当交车时，她都会再仔细检查一遍，而且常常向法里斯提出重新打扫的要求，直到清除掉每一缕棉絮，每一处灰尘，她才满意。

终于有一次，法里斯实在忍受不了她的吹毛求疵，在送走她之后，对父亲说，再也不愿意接待这位顾客了。父亲却对他说："孩子！记住，这是你的工作！不管顾客说什么或做什么，你都要做好你的工作，并以应有的礼貌去对待顾客。"

只要是你选择的工作，就应该倾尽全力去完成；即使遇到难以忍受挑剔和指责，也必须调整自己的心态尽力克服，这样，才可能成为一名最有价值的员工。

四、为自己工作

要记住，每个人都在为自己工作，不计报酬才能获得更多报酬。工作中比薪水更重要的是学习经验、锻炼能力、获得成长的机会。你的工作不只是为了老板，更是为了你自己。老板借助你的力量，你也借助老板给你提供的工作机会生存并成就自身。

常常会听到有人抱怨："为了那么点儿钱，值得那么卖命吗?"还有人说："市场经济嘛，讲究等价交换，拿多少钱办多少事……"如果你只愿意干你分内的工作，你永远无法在同事和上司的心目中建立好形象。但是，当你愿意多干一点超出你分内的工作时，你的行为必将为你带来好的评价，而且还将进一步建立起良好声誉。这种良好的声誉，将给你带来更多的报酬。

五、追求完美

今天不努力工作，明天就得努力找工作。做事情要尽量做到完美，不要马马虎虎，完美是一种要求，也是一种习惯。

麦当劳之所以成为全球著名的企业，是因为无论何时、无论何地、无论何人来操作，产品皆无差异，这源于麦当劳的生产方式：追求完美。为保证食品的独特风味和新鲜感，麦当劳制定了一系列近乎苛刻的标准，所有原材料在进店之前都要接受多项质量检查。牛肉饼需要接受的检查多达[illegible]0 余项；奶浆的接货温度不得超过 4℃；奶酪的库房保质期为 40 天，离开[illegible]房到上架之间的时间不超过 2 小时；水发洋葱离开库房到接受加工之间顺[illegible]输时间不得超过 4 小时……所有这些标准，如果有一项超出，产品就要以废品处理。正是这样追求完美，才造就了世界品牌麦当劳。

六、有平常心

实践证明，最不受单位欢迎的是以下五种人：傲慢的人、自卑的人、虚伪的人、教条的人、感情用事的人。如果你身上或多或少地有这些毛病，就要努力改正。正确处理自己与其他员工的关系，在工作中，尽量保持一颗平常心，既不贬低别人，也不抬高自己，既不清高，也不自卑。用一颗平常心应对生活中的喜怒哀乐，应对工作中的轻重缓急，才能成为一名最有价值的员工。

七、有爱心

一个阴云密布的午后，瞬间倾盆大雨，行人们纷纷走进店铺躲雨。一位老妇人也步履蹒跚地走进费城百货商店避雨。被雨浇湿的老妇人略显狼狈，她穿着朴素、面容憔悴，售货员们都对她视而不见，各自忙碌。

只有一位年轻人走过来，诚恳地对老妇人说："夫人，我能为您做点儿什么吗?"老妇人莞尔一笑："不用了，我在这儿躲会儿雨，马上就走。"年轻人随即为老妇人搬来了一把椅子，温和地对老妇人说："夫人，我给您搬了一把椅子，您坐着休息一会儿吧。"两个小时后，雨过天晴，老妇人向那个年轻人道谢，并向他要了一张名片，颤巍巍地走出了商店。

几个月后，费城百货公司的总经理詹姆斯收到一封信，信中要求他将他家店里的一位年轻店员派往苏格兰，签订一份装潢整个城堡订单，并请这位年轻店员承揽自己家族所属的几个大公司下一季度的公用品的采购订单。詹姆斯惊喜不已，匆匆一算，这封信所带来的利益，相当于自己公司两年的利润总和！詹姆斯迅速与写信人取得了联系，这才知道，这封信出自一位老妇人之手，而这位老妇人，正是几个月前在店内避雨的那位老妇人，她就是美国亿万富翁“钢铁大王”卡内基的母亲。

詹姆斯马上把那位叫菲利的年轻人，推荐进了公司董事会。毫无疑问，当菲利打起行装飞往苏格兰时，他已经成为这家百货公司的合伙人了，那年，菲利22岁。

随后的几年中，菲利以他一贯的忠实和诚恳，成为“钢铁大王”卡内基的左膀右臂，事业扶摇直上、飞黄腾达，成为美国钢铁行业仅次于卡内基的富可敌国的重量级人物。

所以，要做一名最有价值的员工，就要有爱心。爱，是这个世界上最伟大的力量；爱，可以感化一切，带来一切！

第八节　提高你的核心竞争力

一位哲人说过：“这世界不是有权人的世界，也不是有钱人的世界，而是有心人的世界。”那么，怎么才能在这个复杂多变的社会中处于优势，让自己永远不会贬值呢？这不仅仅需要智慧，更需要不断学习和创新，提高自己的核心竞争力。

什么是核心竞争力？所谓个人核心竞争力，就是指不易被竞争对手效[illegible]仿、具有竞争优势的独特的知识和技能。核心竞争力是你所具有的非凡的库[illegible]领，这种本领必定是在某个领域里独特的，或者非比寻常的，拥有了这的运[illegible]领，你就可以在职场里独占鳌头。

当然，除了拥有核心竞争力之外，你还需要具备优秀的综合素质，健康、高尚、完善的人格是立身之本。核心竞争力是你在立身之本以外的特长，是谋生之道。立身之本和谋生之道，二者仿佛是人的两条腿，缺一不可。一个人如果只有人格魅力，没有特长，也是难以在竞争中取胜的，相反，一个人如果有特长，却人格低下，一样不能在竞争中取胜。

在职业生涯中，那些足以让我们立足的优势，就是我们的核心竞争力。我们要清楚地了解，自己到底有什么特长，足以让朋友、同事、上级及周边的人称道，这些特长就是你的财富，也就是你的核心竞争力。

一个人的一生，就好比在淘宝，职业生涯规划，就是你的藏宝图，这张地图上会有这样那样的分叉，每一个分叉，都会通向不同的目的地。如果你毫无头绪，盲目前进，就有可能忽略提高自己的核心竞争力，最终走上一条和自己的预期目标大相径庭的道路，从而离宝藏越来越远。所以，多听听周围人的意见，多参考别人的成功经验，再结合自己的情况，发展真正适合自己的核心竞争力，才能确保自己不会贬值。

核心竞争力具有以下特点：

第一，价值性。核心竞争力是确保个人职场价值的生存能力之一，能为企业创造长期的竞争优势，为企业创造超过同业平均利润水平的超值利润。

第二，独特性。核心竞争力为你所独有，同单位或者同部门，几乎不存在两个人都拥有准确意义上相同或相似的核心竞争力。

第三，难以模仿和不可替代性。核心竞争力是个人资源、技能、知识的整合能力，常常难以让竞争对手模仿和替代，否则，其独特性也就不再具备，竞争优势也就相应丧失。

第四，长期性。核心竞争力的培育，是个人长期积累的经验、教训、知识、理念，需要一个漫长的过程，绝不可能一蹴而就。

个人核心竞争力的形成，主要有三个因素：知识、技能、兴趣。在推动个人能力提升或促进成功的因素中，兴趣比态度更重要，因为兴趣比度更具有下意识作用，对于工作的投入热情更具推动力。如果没有兴趣，只靠态度再加知识和技能的集合，很难促使能力和事业达到更高的水平，很难促使核心竞争力的形成。在职业能力提升和事业发展的过程中，只有知识、技能、兴趣三者合为一体，才能够促进核心竞争力的最终形成。

第九节　明天无法预知，踏实做好今天

我们不能预知明天，但可以把握今天，只要今天付出了努力，在明天就会得到回报，成绩和机会只垂青于有准备的人。不要庸庸碌碌过日子，不要在每天躺在床上时想不起来今天都做了些什么，人生只有 1/3 的时间来实现自我价值，每浪费一天，就会离自己的梦想更远，我们应该牢牢抓住每一秒，把握每一天的珍贵时间。

有积极态度的人能有好的结果，是因为他们肯定“今天”的无穷价值。

“今天”是一个充满机遇、趣味与挑战的日子，每个热血沸腾的人在“今天”里都至少有 16 小时的清醒时间。他们清楚要让自己积极地度过“今天”，要在“今天”创造出应有的价值。

“昨天”已逝去，“明天”太遥远，完全属于我们自己的只有“今天”，所以要珍惜而有意义地度过这美好的一天。和对待“今天”一样，接下来的每一天我们都要用微笑来迎接，让每一天都变成美好的回忆。

“今天”只有 24 小时，转瞬即逝，每分每秒的浪费都是十分可惜的，我们要小心把握。一个人就算活到 80 岁，也不过只有 29200 天而已。“今天”是属于你的，一定要巧妙地利用好“今天”。

有一名新闻记者曾在北韩（现在的朝鲜）碰到过一个美国大兵，

当时的气温是 -18℃。实在太冷了，如果不戴手套的话，手指碰到金属就会被粘在上面。当时那个美国大兵正靠在一个邮箱上吃着黄豆罐头，记者想起即将发生的大规模战争，就问了大兵一个颇有哲学味道的问题：“如果我是能成全你任何愿望的上帝，你的愿望是什么呢？”

大兵一边用小刀挑出黄豆扔进嘴里，一边回答说：“我想要今天。”

大兵无疑是睿智的，他很清楚，有了“今天”才能拥有“明天”。“明天”再怎么美妙都是未知的，但是我们可以充分利用“今天”来为明天做铺垫、做准备。

但凡能达成自己人生目标的成功人士，无疑都是充分把握“今天”的智者。他们热爱自己人生中的每一天，快乐而积极地度过每一天，全心全意地投入每一天的工作中。这样，所有“今天”就都不会贬值，都能创造应有的价值。事实上，一个人爱人生时，人生也会回报以同等的爱。无论面对怎样的环境，无论做什么事情，无论什么时候，都要尽自己的全力，不能有任何的侥幸心理。当我们能够过好充实、有意义的“今天”时，未知的明天才会美好地展现在我们面前，别让生命留下太多的遗憾，在今天一定要加油。

马科斯·克利兰上尉在军队服役时因手榴弹爆炸而失去了左臂和双腿，他瞬间从一个身强力壮的年轻人变成了生活不能自理的残疾人。这种巨大的落差感让他在之后的几个月中备受折磨，他甚至几度感觉自己快活不下去了。每个人都认为他今后不会再拥有美好的生活，都认为他失去了“明天”。可是克利兰是个信仰坚定的人，他坚定地过着属于自己的“今天”，每天都以真挚的笑声感染他人，让别人也跟着微笑。当然他也有绝望或极为沮丧的时候，但是他从没放弃过自己的生活。

正是在不放弃生活、努力过好每一个“今天”的信念的驱使克利兰上尉当上了自己故乡乔治亚州的议会议员，并且一当就是两届。后来他竞选副州长失败，颇受打击，不过在这期间发生了一件事，改变了克利兰的人生观，使他又恢复了往日的笑容。

一天，克利兰要冒雨乘车前往华盛顿，车行驶在高速公路上，车窗外暴雨肆虐，那一刻，克利兰突然感觉到人类的力量是何其渺小。克利兰忘情地大声呼喊道："上天啊，请赐给我力量，帮助我吧！我虽然失去了左臂和双腿，但我还拥有健全的精神，我还希望走得更远一些。"发泄之后克利兰又恢复了平静，他感觉自己拥有了一股神奇的力量。从此以后，克利兰更专注于每一天的工作，他秉承着踏实过好今天的理念，把每一个今天都当做生命的最后一天来享受，努力将"今天"发挥到极致，又恢复了往日的快乐和喜悦。尽管不坐轮椅就不能活动，但克利兰从此迈上了光明的大道。后来他担任了政府的最大机构——退伍军人管理局局长，再后来又以悬殊的票数当选为乔治亚州书记官。

有人问克利兰何以取得这样的成就，他说他有三个主义：第一是要努力愉快地接受问题；第二是要发现另一扇能开启的门扉，当某扇门关闭时，还能打开另外一扇门，如果只短视地看到关上的门，就不能发觉已开启的门；第三是踏实过好今天。因为明天不可预知，只有过好今天才会让自己的人生无憾。尽管遭遇可怕的命运，但克利兰绝不会屈服。他有无比积极的精神，深知"今天"是属于自己的，所以能掌握"今天"，并巧妙地运用"今天"。

我们没有通灵的魔力，无法预知自己的将来，就像不知道自己晚上会做什么梦一样。所以我们没有必要担心自己的将来，就像我们没有必要担心自己晚上会做什么梦一样，那些不存在于我们这个三维世界的虚无缥缈[illegible]东西，你想再多都是毫无意义的。明天是个未知数，许多事是想象不出[illegible]倒不如把握今天，因为把握了今天，才有可能实现明天的未知数。

有很多人会给自己的今后定下一系列的目标，敦促自己要在什么时候达成什么样的理想。的确，目标很重要，它是我们前进的方向。但有很多人往往只执著于未知的目标，浮于表面，而静不下心来踏实做好今天该做的事。我们今后的事不是我们现在说了就能算数的，我们只能靠一步一步踏实的努力来实现那些目标。要明白只有今天才是属于我们的，充实得过完每一个今天，不荒废每一分钟，相信未来的目标一定会实现。

生活由昨天、今天和明天构成，昨天已过，明天未来到，所以过好今天吧。过好了今天，也就过好了明天的昨天；再把握下一个今天，也就把握了明天。与其想昨天，看明天，倒不如就过好今天。当然这里的今天，是一个又一个的今天。要想让自己不会贬值，就要从今天开始，做好今天，永远向前！